Fewer,
Bigger,
Bolder

From Mindless Expansion
to Focused Growth

フォーカス戦略

「選択と集中」で収益力を高める7つのステップ

サンジェイ・コスラ＋モハンバー・ツーニー 著

笠原英一 訳

東洋経済新報社

Fewer, Bigger, Bolder
From Mindless Expansion to Focused Growth
by Sanjay Khosla and Mohanbir Sawhney

Copyright © 2014 by Sanjay Khosla and Mohanbir Sawhney

All rights reserved including the right of reproduction in whole or in part in any form.
This edition published by arrangement with Portfolio, an imprint of Penguin Publishing Group, a division of Penguin Random House LLC through Tuttle-Mori Agency, Inc., Tokyo

訳者まえがき

　本書のテーマは、顧客ニーズが存在し、かつ、自社としてもユニークな価値の創出が可能な領域に事業を絞り込んで、大きく大胆に事業展開を図るというものである。ごく当たり前のことを論じているのであるが、実はこれを実践するのが極めて難しい。

　市場はいずれ成熟する。成功している企業であればあるほど、現在の顧客市場を中心に、従来の戦略の枠組みで事業を守ることが優先される。変化に対する抵抗が強くなり、いつの間にか、現在の事業を守ることが目的化してしまう。環境変化に対して、十分なスピード感をもって大胆に考え、実践することが難しくなる。

　皆様の会社は、既存事業中心の漸進的な成長のパターンにはまってしまっていないだろうか。ほぼ全ての産業においてデジタルトランスフォーメーションによる変革が進んでいる今日において、現状維持の経営は極めて危険である。日本企業の経営革新については、待ったなしの状況である。

　世界一と言ってもよいくらいの充実したインフラがあり、勤勉でリテラシーの高い国民を擁しながら、日本はなぜ先進国の中で断トツに低い生産性に甘んじなければならないのであろうか。先進国の中でも、とりわけ大きな規模の国内市場をもっていて、かつ、高い研究・開発力を有しながら、なぜ、一桁程度の利益率しか上げられないのだろうか。

　本書は、低迷する日本企業の復活に向けた指南書である。同時に、戦略経営を実践していくためのGPS（＝著者による表現）としても機能してくれるはずだ。

この本の秀逸さについては、フィリップ・コトラーはじめ多くの有識者によ
る推薦の言葉によって語りつくされている。

　「著者のモハンバー・ソーニーとサンジェイ・コスラはビジネスの通説に
挑戦し、企業を持続的な高収益・成長体質にするための意外性のある卓越し
たアイデアを提案しており、本書に登場する事例は説得力に満ちている。そ
の知見は現行のビジネス戦略の思潮に一石を投じるものとなろう」（フィリッ
プ・コトラー）

　経営に関して、研究と実務という立場からかかわってきた訳者の個人的な
見解を付け加えるとすると、本書はまず経営トップ、そして、事業部のリー
ダーに読んでいただきたい。さらには、企業変革を研究している研究者、社
内でクロスファンクショナルチームをリードしているスタッフ部門の責任者、
メンバー、およびそれをプロフェッションとして推進しているマネジメント
コンサルタントにも一読をおすすめする。
　プロジェクトを推進する過程で、本書に記述されている事例をミニケース
として応用することで、クライアントに対する信頼感が大幅に増し、プロジェ
クト運営が円滑になること間違いなしである。
　本書が、日本企業の業績向上の一助となれば訳者としてこれ以上の喜びは
ない。

　　　　　　　初夏を感じさせるセントラルパークを眺めるホテルの一室にて
　　　　　　　　　　　　　　　　　　　　　　　　　　　　　　笠原英一

まえがき

アイリーン・ローゼンフェルド
モンデリーズ・インターナショナル会長兼CEO
（クラフトフーズ元会長兼CEO）

　本書は、あらゆるビジネスを長期的成功に導く方法を教えてくれるスマートな実用書だ。大半の読者は本書をそうやって読むだろうし、そうすることで学びを得るだろう。だが、わたしにとっては違う。この本は愛するクッキー、オレオについてのものだ。

　2007年にサンジェイ・コスラがクラフトフーズに入社したとき、いちばんの懸案事項は「オレオをどうするか」、というものだった。当時、オレオがアメリカで誕生してから100年目という節目の年を控えていた。
　数十年にわたり、オレオはアメリカで最も愛されるお菓子として君臨しており、「Twist, Lick, Dunk（クッキーを外して、クリームを舐めたら、ミルクに浸けて食べる）」という有名な儀式でも知られていた。だが、繰り返し膨大なコストをかけて取り組んでも、オレオはアメリカ以外の消費者には受け入れられなかった。
　クラフトフーズのフラストレーションは凄まじかった。世界中の家庭が外国の味覚や商品に心を開き、財布の紐を緩めつつあるというのに、この定番クッキーは見向きもされないなんて。

　オレオを成長軌道に乗せるべく、サンジェイが登場して規律ある革新的手法がもたらされた。結果、オレオは成功し、世界で最も愛されるクッキーに

なった。売り上げは5年足らずで4倍に増え、大ヒット商品、新興国市場の10億ドル級ブランドとなった。

　オレオはどうやって化けたのか？

　それを詳しく書くのは控えよう。本書でサンジェイとノースウェスタン大学のソーニー教授がていねいに説明してくれているからだ。私としては、オレオの物語は本書で提唱される利益と持続的成長を両立させる方程式「7つのフォーカス」の絶好の例だと言いたい。そのカギは、サンジェイが長い年月をかけて作り上げ、提案する「成長の好循環」にある。

　その名の通り、「7つのフォーカス」は、うまくいくことにフォーカスして絞り込むことから始まる。サンジェイは社内で呪文のように「フォーカス」、「フォーカス」、と繰り返していた。フォーカスという言葉はあまりに頻繁に言及されるから、新鮮味がなくなって見過ごされがちな言葉ではある。「そうだ、フォーカスだ。では、戦略会議を続けよう」というように。だが、きちんと管理されたシステムに基づき、ビジネスと組織を真の意味で導く原則として「フォーカス」を使ってみてほしい。きっと驚くような結果が得られるだろう。

　企業幹部出身のサンジェイと学者兼コンサルタントのソーニー教授の経験の組み合わせのユニークさが十二分に発揮されている。本書ではそのシステムが正確でわかりやすい言葉で説明され、世界の企業のさまざまな研究事例で肉付けされている。

　本書は経営学の最高の良書が並ぶ読者の本棚の一冊となるだろう。それが経営学の古典（クラシック）となることをわたしは信じて疑わない。そう、ちょうど古典的な定番商品のオレオのように。

目次

訳者まえがき ……………………………………………………………………… iii
まえがき …………………………………………………………………………… v

序　章 …………………………………………………………………………… 1

第1章　「もっと」という誘惑 …………………………………… 17
COLUMN ▶ 逆さまマーケティング　24
複雑性に絞め殺される　25
複雑性を理解する　27

第2章　「なるべく少なく」という知恵 ……………………… 31
COLUMN ▶ 5本の指ルール　37

第3章　発見：成長の源泉を探す ………………………… 45
インサイトの発見経路　46
行動の中にある発見：ハイアットホテルの例　55
インサイトから行動へ：発見のワークショップ　58
ステップ1 ▶ 発見：成長の源泉を探す　72

第4章 戦略：賭ける領域を決める ... 73

戦略の8つのレンズ　78
再び、クラフトの例　86
ステップ2 戦略：賭ける領域を決める　95

第5章 奮起：社員をやる気にさせる ... 97

数を強調する (enumerate) スローガン　100
想起させる (evoke) スローガン　102
心を動かす (emote) スローガン　106
高みに引き上げる (elevate) スローガン　108
説明する (explain) スローガン　109
ウチとソトを結びつける　112
一点に留まる　112
ステップ3 奮起：社員をやる気にさせる　115

第6章 人材：可能性を発揮させる ... 117

経営資源の傾斜配分　122
白紙小切手　124
白紙小切手のしくみ　128
白紙小切手はどう成長の原動力となるか　136
- ▶ 5年でタン事業を倍増する　136
- ▶ キャドバリー・インドの甘い成功　140
- ▶ 中国で殻を破る　142

失敗への対処　144
白紙小切手の管理のためのヒント　145
ステップ4 人材：可能性を発揮させる　149

第7章 実行：単純化し権限を委譲する ……………… 151

どうでもいいことはやるな　154
あらゆることを単純化する　156
権限委譲　158
小さく始め、検証、学習を経て
迅速に本格展開することで行動を加速　162
モメンタムを活用したタン　164
中国におけるオレオの成功　165
住む世界が変わったらどうするか　168
ステップ5 実行：単純化し権限を委譲する　173

第8章 組織：調整し協働する ……………… 175

機会志向の組織　178
協働ネットワークの創出　180
コミュニケーションネットワークを通じた協働　182
協働ネットワークの諸原則　184
グローカルになる　187
ステップ6 組織：調整し協働する　195

第9章 指標：進捗を測定し共有する ……………… 197

ゴールに結びついた指標　199
バランスのとれた指標　201
シンプルな指標　202
指標をどう作るか　205
物語によって進捗を伝える　207
ステップ7 指標：進捗を測定し共有する　212

第10章 落とし穴に落ちないために ……… 213

1. 本格展開の前にきちんとモデルを作り上げる　214
2. 優先事業から外れた取り組みを
   ないがしろにしない　216
3. コストは容赦なくカットすべきだが、
   無鉄砲にやってはダメ　219
4. 途中で方針を変えない　221
5. 道が険しくなってもパニックにならない　223

落とし穴に落ちないために　225

第11章 好循環を作り出す ……… 227

勝てるところに集中　231
効率性アップと単純化でコスト削減　232
製品構成の変更と生産性向上で粗利を改善　235
イノベーションで売り上げ増加　236
ブランドと顧客に投資して確実な未来を構築する　238

序 章

INTRODUCTION

成長への欲求は生存に不可欠なものであり、抑えがたいものでもあり、また終わることのない厄介ごとでもある。成長が止まることは、衰退の始まりでもある。どんなに良い状況のときであっても、成長欲求の圧力はかかる。インフレ率をカバーするだけでも、成長が求められるのである。
　コスト削減によって短期的な利益を生み出すことは可能である。しかし、より大きなことを達成するためには、縮小均衡というわけにはいかない。
　グローバリゼーションとデジタル革命は、豊かで、わくわくするような成長機会を提供してくれることは確かである。政治的にも経済的にも、なんらかの新しい効用が期待できそうではあるけれど、今まで我々が経験したことのない勢いで市場に不確実性を生み出していることも否めない。
　グローバリゼーションは、ビジネスにおける多くの伝統的な前提をひっくり返している。従来の仕事のやり方もしかりである。
　デジタル化は、このグローバリゼーションをさらに拡幅している。情報が一瞬のうちに拡散される。これに、市場におけるすべての人々にとって大きなプレッシャーである。情報に触発されて、新規参入企業、新製品がゲームに参加し続けており、新しいチャレンジが絶え間なく起こっている。空虚な自己充足感を生み出す壊れた栓みたいなものだ。
　こうしたことに加えて、短期的な成果に対する、ウォールストリートすなわち投資家たちからの絶え間ない要求と質問が、企業のCEO、事業部のリーダー、ベンチャーの創始者などを含むすべての経営者に襲いかかっている。
　「それで、どのようにしてこの事業を拡大するんだい？」
　この質問には、罠がある。本書で述べていくことであるが、答えは、多くの場合は、どの領域でもよいから売り上げの可能性を見つけることである。あるCEOは、著者の一人であるモハン（モハンバー・ソーニー）に、「今まで気に入らなかった売り上げなどは、１ドルたりともない」とコメントしている。
　売り上げの可能性を探索すると、成長戦略のマトリックスに行きつくことになる。新製品開発、新市場開発、新顧客開発、企業買収である。こうした

方向で努力することは成長を志向するうえで極めて理にかなっている。
　しかし、多くの場合は、情熱を注いで行った活動の結果は失望に終わる。我々はリサーチを通して、グローバルな視点でかつ、産業横断的に、さまざまな経営陣に取材し、質問したのであるが、「あまりにも多くのことをやりすぎている」、「薄く広げすぎている」、「ルーティン業務に溺れている」、「あまりにも複雑になりすぎている」というようなコメントが極めて多かった。

　売り上げ拡大に関していうと、すべての１ドルの売り上げの価値は、１ドルで同じであるというのは真実ではない。成長領域に限定しても、すべての売り上げは同じ価値であるということはあり得ない。
　仮に、３年間で、売り上げが5,000万ドルから8,000万ドルに拡大したとする。しかし、この売り上げの質はどう考えたらよいのであろうか。質の高い売り上げとは、利幅のある、かつ、持続性の高いものをいう。それは、基盤を形成できるような継続性の高い成長を約束するものである。
　質の高い成長とは、つまり、自社の事業の業績が競合の業績を上回り、利益成長が売り上げ成長を上回るということを意味しており、このレベルに到達することがゲームの最終段階である。
　これを達成することは不可能ではない。クラフトでの最近の経験を見てみよう。
　もう一人の著者であるサンジェイ（サンジェイ・コスラ）は2007年から2013年までクラフトに勤務していた。2006年のクラフトチャイナは、大きな底なしの穴にお金を注いでいるような状態だった。クラフトチャイナは、莫大な売り上げの可能性を求めて、10億人の市場規模を誇る誘惑的な中国市場に20年間にわたって莫大な資金を費やし続けてきた。しかしながら、クラフトは、妄想を追いかけること以外のことはほとんど実施してこなかったといえる。
　ブランドやプロジェクトの寄せ集めを拡大する投資は行ったものの、売上高は年間１億5,000万ドルに満たないレベルで推移していた。実際のところ、

赤字垂れ流し状態で、持続的なビジネス・モデルもなかったため、利益のとれる見込みが立たない状況であった。

なぜ、こんなことになってしまったのだろう。

クラフトは、オレオ・クッキー、クラフト・マカロニチーズ、プランターズ・ピーナッツバターなど、競争力のある製品を享受してきた。米国では、クラフトは圧倒的に強いNo.1の食品企業であった。しかし、中国の消費者はほとんど興味を示さなかった。

例えば、オレオは、米国市場ではクッキー類の中で絶対的な存在であるが、中国市場では苦戦を強いられていた。10年の間、クラフトはいろいろ努力し中国で数えきれないくらい新たな取り組みを生み出してきた。しかしながら、実りの乏しい活動をしているだけのように見えた。状況は、プロジェクトにかかわったすべてのスタッフを疲労困憊、落胆させるものだった。

クラフト中国を2007年にリーダーとして引き継いだローナ・デイビスは、当時を次のように振り返っている。「事業は悪循環にはまっていた。現行のビジネス・モデルを拡張させるだけではうまくいかないことは確かだった」。

当時、中国はクラフトの国際的な活動にとって、唯一の問題地域だった。このころ、国際市場で現地法人はバラバラに拡散していた。クラフトは、活発な活動を行いながらも、地域間でまったく調整を行わず、その努力も示さず、世界中の国に旗を立てている状況だった。

会社は拡大していた。それは、意欲的な企業としてやるべきことであり、異論をはさむ余地はない。しかし、新しく起こした事業のビジネス・モデルは、十分な報酬を生み出すための原理原則を欠いていた。無意味な拡大の潮流に流されているだけだった。

売り上げが拡大している領域においても、マージンは限られており貧血気味で、先行きの見通しも芳しいものではなかった。何か抜本的な対応が必要だった。

サンジェイを社長として迎えたばかりの組織、クラフト・ディベロッピング・マーケット（新興市場向けチーム）が回復するきっかけとなったのが、

ある一つの大胆な計画だった。それは、今日の拡張主義者にとっての絶対的な真理と抵触するものであった。

その計画とは、本書で述べるシステムを凝縮したもので、次のようなシンプルな基本原則である。

- 実施することは最小限にとどめる：やるべきことを厳選して、それらを大きく成長させること。勝てる領域に集中すること。
- 果敢に攻める：最も高い可能性のある取り組みに資源を傾斜配分すること。
- オペレーションはシンプルに、コストは低く抑えること：計画、組織、業務プロセスすべてから複雑性を取り除くこと。
- 実行あるのみ：常に実験と学習、そして修正を繰り返すこと。
- スタッフを奮起させる：できる人に賭けること。資源と権限を集中投資すること。

本書を通して、クラフトでの我々の実際の経験を紹介していく。手短に言うと、次のような展開である。

2007年の初めに、社内のキー・メンバーと外部の専門家から構成されるワークショップを組成した。指示内容は、うまくいっていることと、成長の可能性にあるものを明らかにすることという極めてシンプルなものだった。

今まで広い分野に必要以上に詰め込んできたが、そのポートフォリオを見直しして、勢いがあり、高いマージンが見込まれて、違いを生み出すことのできる、それなりの規模のある一握りの取り組みに集中すること。しかも、会議をだらだら続けることなく、山のようなしびれるメモも排除してすばやく動くこと。

数カ月もたたないうちに、クラフト・ディベロッピング・マーケットのチームは、5−10−10という識別用の名称で呼ばれる戦略をスタートさせた。何十という製品カテゴリー、150以上のブランド、そして60以上の国をカバーしていたポートフォリオを、競争力のある5つのカテゴリー、10のブランド、

そして10のキーとなる市場に集中することにしたのである。

この新しいアプローチは、会社が向ける注意の方向を絞り込んで、資源を集中させることにつながった。その戦略によって、クラフトはいくつかの大きな賭けに出ることが可能になった。同じように大事なことであるが、こうした取り組みに資金を回すためのコスト削減のガイドラインとしても、また、だぶついたオペレーションをシンプルにするための青写真としても機能した。

最後のポイントであるが、5-10-10の戦略は、上層部が決めて、それを単純に下におろすという形態で展開されたものではなかった。むしろ、チームで作られたものだった。したがって、その戦略は、各地に散らばっているローカルのリーダーたちに、自分たちで作り上げたものという感覚の共有と協働作業を促した。その結果、地域レベルに権限が委譲されて、文化と市場に精通した現地の人々で、キーとなる意思決定ができるようになったのである。

結果は明らかだった。6年間で、このディベロッピング・マーケットのチームは、売り上げでいうと、年商50億ドルから160億ドルへと2桁成長を達成した。M&Aを伴わない自律的な成長である。利益も50％も向上しており、利益の伴った成長といえる。

キャッシュフローも大幅に改善した。中国は長年、赤字垂れ流し状態であったが、完全に好転した。2012年までに、中国におけるクラフトの売り上げは、10億ドルを超え、マージンも健全で、今後さらなる利益成長が見込まれている。

オレオについては、10ブランドの一つに選ばれて、強化すべき取り組みの一つになった。ドラマチックな逆転劇のストーリーそのもので、北米を除いて2006年時点での売上高は2億ドルであったものが、2012年にマージンをしっかり確保しながら10億ドルの事業へと成長した。クッキー類は今や中国でNo.1のランキングである。

数年前にはクラフトは、オレオの中国市場からの撤退も検討しているような状態だった。それが、中国出身で、元NBAのスター、姚明(ヤオミン)を起用して、

同国人にオレオの象徴である、ツイスト！（クッキーを外して）、リック！（クリームをすくって味わって）、ダンク！（ミルクに浸して食べる）を伝授したのである。

　粉末ジュースのタングはクラフトのもう一つの5-10-10に認定されたパワー・ブランドであるが、2000年に新興国市場で5億ドルの売り上げ（これは半世紀かかって達成した）だったのが、2012年に10億ドル以上に成長している。

　クラフトが10年前から世界中で直面している問題がある。それは、ビジネスのいろいろな面で絶えず生じている類似製品の問題である。各国に展開している多国籍企業でも、ローカルに強い企業でも、グローバルな巨大企業でも、小さなベンチャーであっても。大きな企業の事業部でも、逸脱してしまうことが少なくない。その問題は、成長を模索する過程であまりにも多くのことをやろうとしすぎることから生じていることが多い。

　我々は、異なるアプローチをとっている。無秩序な拡張の逆が、持続性のある成長であり、自社に根差した継続性のある成長であると考える。持続性のある成長とは、四半期ごとに数字を作り上げるために、自分自身を捻じ曲げて、プレッツェルのようになってしまうようなことではない。しっかりマージンを生み出すことのできる成長である。組織図を作り直したりするのではなくて、利益を最優先する成長であり、複雑ではなくて、簡潔であることを旨とする成長である。

　持続性のある成長は、一夜で成し遂げられるようなものではない。継続的な努力が求められる旅のようなものである。

　本書が皆さんを導くGPSのようなものであればよいと願っている。

　地図は土地の状態、町や市の、道路、湖、ランドマークなど、その地域全体の概要を示す。それに対してGPSは、ある特定の場所への行き方を示してくれる。行きたい場所を入力することによってGPSは進行方向を指示し

てくれる。必要に応じて複数の道を示しながら、障害物や迂回路も含めて示してくれる。

　多くの事業戦略の本は地図のようなものである。地域全体の状態を教えてくれるが、最終地点まで行くには、ナビシステムが別途必要になる。

　また本書は実践をテーマにしている。どのようにして持続的に成長を実現するのかをお伝えしていきたい。それが可能になったら、どのようにして成長を維持していくのかということも含めて、である。運は成長のカギであるが、自ら機敏に論理的に動くことによって幸運を呼び込むことにつながるのではないか。

　我々はそのフレームワークを、「フォーカス7（セブン）」＝「7つのフォーカス」と呼ぶ。それは、7つのステップで構成されているのに加えて、持続性のある成長への旅は常にフォーカスすることから始まるからである。

　フォーカスとは、本当に機能する事業、つまり健全で持続的な利益を生み出すことのできる事業を切り出し、それに高い優先順位を与え、こうした優先順位に従って、時には非情なくらいに厳しく規律をもって経営資源を導いていくことを意味する。

　フォーカスという言葉は、事業においてもどこでも普通に頻繁に乱発されている。昔から言われているように、みんなが天気について話す。フォーカスも同じで、誰もがフォーカスに言及するけれど、誰一人としてそれを実践することはない。

　もし、持続性のある成長を追求したいのであれば、集中のための厳しい訓練をし、経験をつまなければならない。本書の最初の2章で、ポイントを明らかにすべくフォーカスした企業としなかった企業の事例を示す。

　「7つのフォーカス」は、広範囲にわたる研究に加え、著者2人で合計50年以上にもわたる、まったく異なる広範囲のビジネス経験を反映したものである。著者2人は異なったルートを通ってきたけれど、持続性のある成長の追求に関しては、極めて似たような結論を導き出すに至っている。

サンジェイは消費財の分野におけるグローバル市場において実践的で広範囲な経験を有しており、企業経営において提示される短期的、長期的課題に日々対応してきた。モハンはグローバルなコンサルティングと研究を行っており、それが広い視野での考察につながっている。

　我々は、この実践の過程を多岐にわたる業界の企業に対するインタビューで補強している。「７つのフォーカス」のフレームワークは企業のどのような機能部門にも、またどのような階層にも適用することができる。

　我々の処方箋を実践するためには、頑固さと柔軟さの両方が必要であり、それについても言及する。我々のアプローチはいくつかの点において伝統的な知恵と矛盾している。前に進むためには、自信と精神の安定が求められる。それはアジェンダに従って説明していく。ケーススタディも紹介する。その多くは、クラフトやその前のフォンテラ（ニュージーランドの乳業メーカー）、ユニリーバのリプトン（紅茶）や同じくユニリーバの家庭日用品の部門で、サンジェイが実践した「７つのフォーカス」に関する経験に基づくものである。

　すべての事業は素晴らしい結果を出している。ほかにもハイアット、マイクロソフト、シスコやＡＴ＆Ｔのような大企業や中堅、ベンチャーなどにおけるモハンのコンサルティングや研究の成果も取り上げている。そこでは、モハンは取締役会のメンバーやアドバイザーとして関わっている。

　その過程でたくさんの失敗をしたが、それは幸運であったと認識している。そうした苦難のレッスンから学んだ知恵をお伝えすることが可能になったのだから。

　すでに述べたように「７つのフォーカス」のゴールは、利益の伴った成長が自律的なサイクルで持続するところまで事業を押し上げることである。我々はこれを成長の好循環の達成と呼ぶ。成長の好循環に達することは、事業リーダーが椅子に座ってリラックスできるということを意味するわけではない。循環の回転を維持し、かつ予期せぬ障害に対処するためには、フォーカス７で記載した多くの活動を行うことが求められる。好循環のサイクルが

図表0-1 ▶「フォーカス7」=「7つのフォーカス」

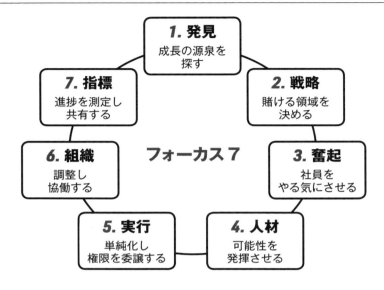

提供するのは、成功の持続に向けた実証済みの方程式である。

　次にフレームワークをどのように展開するかについて解説しておく。

　第1章は量と質を混同する罠にいかに簡単に落ちてしまうかということを示す。拡大するという戦略は一見よさそうに見えるものの、非生産的であり、何層にもわたる複雑な階層組織に負荷を与えることになる。

　第2章では、フォーカスした企業の優位性を解説する。また順調に物事を進めるために求められる通説があるが、それに立ち向かうための心構えとやる気について説明する。「7つのフォーカス」のフレームワークは入念に設計された7つのステップを含んでおり、第3章から第9章まで、それぞれについて説明する。

第3章：発見——スマートな成長は、事業を開発し拡大させる機会につながる可能性のあるインサイト[1]とともにスタートする。セレンディピティ（偶発的な出会い）が重要な働きをするが、ここでは可能性の高いインサイトを引き出すための分析手法を体系的に解説する。

　発見のプロセスのポイントは、ポテンシャルのある新しい取り組みをリーダーシップで支えていくことである。自分たちのプロジェクトであるという意識を伝播させながら。つまり、発見のプロセスにトップマネジメントを関与させるような、巧みにお膳立てされたワークショップのような仕組みを活用するのである。

第4章：戦略——ステップ1で得られたインサイトは、必要に応じていくつかを合成したうえで、優先順位をつけていく必要がある。製品、技術プラットフォーム、市場、顧客セグメント、販路などのさまざまな軸を用いて、各インサイトを評価する方法を説明する。こうした軸（これをレンズと呼ぶ）を通してインサイトをみることで、機会分析に規律が生まれる。企業成長の原動力となるような大きな賭けにスポットライトをあてる手助けになる。

　それぞれの有望な事業構想は、3つのM、モメンタム（優位性）、マージン（収益性）、マテリアリティ（規模性）から評価される。焦点を絞り込むことで、勝てる見込みの高い領域に経営資源を集中させることが可能になる。

第5章：奮起——戦略を役員室で議論されたままにせず、経営の現場や工場に落とし込むためには、企業は、現場を奮起させるための明確でかつ簡潔なメッセージを表明しなければならない。それは、価値観を共有したり動機づけしたりすることのできる力の源泉として機能する。

　戦略はそもそも複雑なものではあるが、極端なくらいにシンプルに伝えられなければならない。そして、その伝達の手段は、言葉である必要はない。

1　顧客の立場になって感じることのできる顧客の信念、価値観、動機、欲求など（訳者注）

スローガンでも、頭文字でも、絵や色でも問題ない。この章では、奮起の言葉として最善のものを見つけるための創造的プロセスを紹介する。また、同時に、設定されたトーンがどのように組織の独自文化に影響を与えるかも示す。

第6章：人材—究極的には、企業の成功は新鮮な機会に賭けるだけではなく、キーとなる人材に賭けることを意味する。会社を変革することのできる知性、情熱、精力を持っている人材に賭けるのである。多様性とチームワークが極めて重要な競争優位性となり得る。物事を前に進めるためには、適材適所で人材を確保することが大切である。

　キーとなる人材が配置されたならば、戦略の枠組みの中で広範囲にわたる裁量が与えられなければならない。資金、人材、努力を、事業の中で停滞している領域から重点的に取り組むべき領域に傾斜配分させる。それは、均衡を破って重点配分することを意味する。こうした再配分は、予算編成などで、普段から存在している制約を取り払ってくれることにもなる。

　チームは、制限のない資源とともに、困難な目標をどのように与えられるべきなのかということを、状況とともに示す。経験からいえることであるが、大半のケースでは、チームは責任を持って困難に上手に対処し、予期された水準をはるかに超える結果を出している。

第7章：実行—これがステップの中で最も重要でかつ、困難なものである。新しい取り組みは、まったく共通性のない事業群と権限のあいまいな境界から構成されている迷宮の中で時として自らを見失ってしまうことが多い。しかし、後ほど議論するが、業務を簡単にする方法はある。コストカットである。成長の源泉となるようなコストカットの領域を見つけ出すために、内部と外部に関するベンチマーク調査を行うが、その方法についても示す。

　前進していくためには、常に実験しながら、学習し、良い結果が出たら、規模を拡大していくのである。

第8章：組織——新鮮で革新的な機会は、機能別、地域別、事業ユニット別のサイロのような企業組織の既存のラインに収まることはまれである。持続性のある成長を実現していくためには、成長機会に重点的にフォーカスした会社を作っていかなければならない。それは、組織内に日常的に存在するさまざまな枠を飛び越えるために、協働的なネットワークを利用し、少数の限定的なプロジェクトに集中することを可能にする会社である。

そのためには、予算の枠組みを壊すときのように、通説と対峙することも時には必要である。変化しながら拡大するグローバル市場とインターネット主導による消費者嗜好の進化は、新しい経営形態との連携を必要としている。

我々は「グローカル展開」と呼んでいるが、グローバルな経営資源とローカルな専門性のバランスを見つけるという概念を、本章でスペースを割いて説明する。国際的に事業展開している企業の多くは、どちらかに極端に振れがちである。何も考えずにグローバルだったり、救いようもなくローカルだったりする。正しいバランスを見つけるための判断を示す。

第9章：指標——フォーカスの実践では、適切な項目を適切に測定していくことが大事である。スコアカードは、目標と直接関係づけられるものでなければならないし、それは取り組みの進展ステージごとに変わり得る。本フレームワークのすべてについていえることであるが、簡潔さがポイントであり、リーダーはキーとなる指標を中心にモニターすべきである。業績を追跡するためのいくつかの有効指標をどのように選んだらよいかを示しながら、モニタリングの原理を整理する。

「7つのフォーカス」のステップを説明した後で、第10章では我々のフレームワークを実践する際に想定される落とし穴を指摘し、トラブルを避ける方法を提言する。

最終の第11章では、売り上げが拡大し、コストが徐々に下がっていく成長の好循環を検証しておく。

我々が強調したいのは、断固として将来志向であるということである。過去を反芻し、過去の取り組みを分析し、過去に何が起きたかを議論することに多くの時間を使うだけで、行動とともに前進するということをおろそかにしている企業があまりにも多すぎる。それが我々の考えである。

　我々の行動に対する思いはヒンディー語のKarna Kya Hai?（カルナ・キャ・ヘイ？　短縮形でKKH）というフレーズに要約される。「さあ、これから何をする？」という意味である。これがポイントである。過去はすでに起こったことである。すでに存在しているものである。これから先に進まなければならない。「さあ、それで何をする？」。

　「7つのフォーカス」はたった一回の介入のために設計されたものではないし、疲弊しきった従業員に課される管理手法でもない。そういうものは、新しいリーダーに引き継がれるや否や真っ先に葬り去られてしまう。我々のプログラムは粘り強く取り組むことを求めるものである。我々が提供するプログラムは、繰り返して、どのような状況においても使える方法論なのであり、企業という枠組みを通して、スキルを進化させていくための基本的な考え方をお伝えするものである。

　「7つのフォーカス」は売り上げや利益の数字を短期的につくることを意図しているわけではない。長期にわたって成果を出し続けることのできる戦略モデルを構築するということが我々の基本的な考えである。

　自動的にうまく収まることなど何もない。我々は「7つのフォーカス」を数年にわたり進化させている。最初に展開する際は、リーダーは、きっちり管理すると同時に、柔軟に対応することが求められる。「7つのフォーカス」のプロセスは連続するステップとして設計されているが、いくつかのステップを省略してもよいし、前に戻ることも必要である。企業家的なアプローチであり、プロセスの継続を定着させることが成功へのカギとなる。

　持続的な成長を維持するために最先端の物理学が必要というわけではない。我々が説明するプロセスは、賢明で仕事の生産性の高い人々がいろいろな職業でどのようにやりくりしているかということを追跡したものである。「7

つのフォーカス」は、組織を目標に導くためのフレームワークであり、市場ですでに検証を積み重ねている。そのプロセスを通して、探索活動や革新的な行動が誘発されることになろう。楽しさも含めて、である。

　それはまた、戦闘地域の最前線にいる人から情報を吸い上げて、地上部隊の人に権限を与えるような階層構造的な思考を阻止するものであり、発見のスリルとアイデア検証の挑戦を促進するものである。協働作業を奨励し、うまくいかなかった過去ではなくて、明るい将来を強調するものである。勝負に勝つ文化を植え付けて、素晴らしい結果を呼び込むことを見とどけることのできる喜びをもたらしてくれるものであることを特筆しておきたい。

第 **1** 章

「もっと」 という誘惑
THE SEDUCTION OF MORE

企業は成長を求めて新しい市場、製品カテゴリー、地域、顧客セグメントに打って出る。進出する時点ではそれぞれの動きは理にかなっているように見える。だが、焦点の定まらない拡大は失望につながることが多い。

自社のコンフォートゾーンを超えた業容の拡大、売り上げの伸びを上回る複雑化、事業買収に伴う組織の混乱など。拡大を求めて何年も右往左往した挙げ句、新規事業から撤退して再び本業に戻る。「当時はいいアイデアだと思ったのだが。もう少し注意深くしていれば」と、ビジネスリーダーたちがこっそり漏らすのをわたしたちは耳にしてきた。

通信ネットワーク機器で大成功を収めたシスコがコンシューマー市場に打って出た例を見てみよう。

2000年のドットコム・バブル崩壊以降の困難な状況を生き延びたシスコは、世間で広く賞賛を集めた古参のジョン・チェンバースCEOのもと、業績は大きく回復していた。ところが、2007年になると同社は売り上げ成長の新たな圧力を感じるようになり、チェンバースCEOと経営陣は事業拡大の圧力に屈しはじめた。

事業を拡大するための理屈は完璧に見えた。テクノロジーは爆発的に普及が進み、コンシューマー市場は急成長し、「テクノロジーのコンシューマライゼーション」分野の成長機会があちら側から手招きしていた。

2010年、ネットワーク機器・通信の業界人向けの毎年恒例の「シスコ・ライブ・カンファレンス」が1週間にわたりラスベガスで開催された。その席上でチェンバースCEOは前年、400の新製品を発売したと大勢の招待客に胸を張って述べた。（同社の本業の近隣分野と思われる市場や製品を指す）自称近隣分野でシスコは30以上の取り組みをスタートさせていたのだった。

シスコの企業ビジョンの変化を何より象徴するのが人気の小型ビデオカメラ「フリップ」だった。1984年の創業以来、ひたすら法人市場に特化してきたシスコは2009年、フリップの製造元ピュアデジタル社を5億9,000万ドルで買収し、コンシューマー製品分野に進出した。

無理もないことだった。アップルの未曾有の成功に刺激を受け、当時、ど

の企業もコンシューマー市場に参入し、誰でも1台（願わくば数台）保有するようなデバイスを売ろうとしていた。かつてチェンバースCEOは自社をテクノロジー業界の「配管工」と称したが、シスコがいつまでもその立場にとどまるならば、どうやって時代の流れについていけるだろうか？

だが、そのわずか2年後シスコはフリップ部門を閉鎖した。フリップの売り上げは順調だったが、利益率は相対的に低く、スマートフォンとの競争が激化しつつあった。フリップからの撤退は本業であるネットワーク機器への回帰の一環だとチェンバースCEOは説明した。

巨大企業シスコにとってフリップはほんの小さな部分に過ぎない。だが、フリップが辿った運命は巨大な氷山の一角だった。

2009年3月19日にピュアデジタル社の買収を発表してから2011年4月12日にフリップ事業撤退を発表するまでの期間、シスコの利益率は低下し純利益は不安定に推移した。ハイエンドのビデオ会議システム、エネルギー管理ギア、消費者向け製品といった数十の近隣市場へ積極展開する一方で、同社は中核事業のルーターと交換機の市場でシェアを失った。

ハイテク分野のコンサルティング会社であるザ・ヤンキーグループのゼウス・ケラバラは『ネットワークワールド』誌の2011年2月号でこう語っている。「なぜシスコは得意分野に集中しなかったのだろう？　なぜ30の市場ではなく10の市場にしなかったのだろう？」。

シスコでは低調な業績が数四半期続いた。2010年4月からの1年で株価が3割下落する（ちなみに同時期ナスダック市場は15％上昇した）に至り、チェンバースCEOはようやく市場のメッセージを理解した。

2011年4月、「社内のポートフォリオで修正が必要なところに外科手術の精度をもって対応する」と同氏は述べ、本業のネットワーク事業、ビデオ事業、コラボレーション事業、データセンター技術事業など、少数の主要分野に絞り込む戦略を説明した。

膨張し、あまりに複雑になったことから、社員を混乱させ投資家を失望させることになった組織を簡素化することも加えて発表した。不用意な拡大戦

略と戯れて大失敗した後、シスコはようやく集中のパワーを再発見したのだった。

シスコの経験は、一見理にかなっているように見える成長戦略が、いかに意図せざる結果につながるかを示している。同社のシニア・バイスプレジデントのカルロス・ドミンゲスはモハンのインタビューにこう答えている。

「大企業の社員はおろかではありません。シスコの上級管理職の人々は実に優秀です。彼らは正しい心と正しい願望を持っています。彼らは顧客と株主の利益を一番に考えて会社を運営しています。近隣市場に進出する上では、シスコの一つひとつの行為は理にかなった変革プロセスでした。しかし、新製品の開発、近隣分野への事業拡大、企業買収を通じて、問題への対応を繰り返していると、結局、組織がどんどん複雑になってしまうのです。いつの間にかに。だから、最終的には優先順位を決めなければならなくなります。我々が現在のポジションまで来ることが出来たその理由は何か？　我々の得意分野は何か？　我々が一番やりたいことは何か？　そうやって、首を突っ込んでいた取り組みから撤退し、ごく限られたことだけをきちんとやるようにする。実際、シスコはそういうことをやったんだと思いますよ」。

こうした体験はシスコに限ったものではない。さまざまな厳しい経済的環境下に置かれると、企業は、自制されたアプローチから外れ、何年間も不用意な事業拡大策に走りがちになる。そうした場合には、質の概念が量の概念と混同されてしまう。

多角的に事業展開し、携帯機器やプリンターから法人向けサービスまであらゆる市場で戦うヒューレット・パッカードのような多国籍企業でも、数百種類のヘッドフォンを扱うスカルキャンディのような中堅企業でもこうしたことは起こりうる。

創業間もないハイテク・スタートアップ企業ですら、あまりに多くの事業機会を同時に追い求めることで、第一号製品ができる前にすでに焦点を見失ってしまう罠に陥りがちだ。どのような状況であれ、むやみに成長を追求

すれば、大抵の場合、事業はつまずき、回復に数年を要する事態に陥ることになる。

　こうした焦点のぼけた事業拡大は無理もない面もあり、ある意味、誰もが犯す過ちでもある。それらの裏にはロジックがある。企業は新たな市場を開拓し、新製品を発売し、新規事業を見つけないといけない。どんな事業拡大も少なくとも短期的には追加的な収益をもたらすから、それが反対されることはむしろ少ないかもしれない。どんな事業機会も個別に見ればどれも良く見える。

　また、プロダクトマネージャーや事業部門長が責任者としての立場で自身の担当部門を眺めれば、どんな新製品や新市場にも将来性があるように見える。ところが拡大中毒になることがある。ほどなく、企業はまるで麻薬依存症患者のように製品バリエーション、ブランド、企業買収、新しい市場などにのめり込むようになりがちだ。

　わたしたちはこれを「もっと」の誘惑症候群と呼ぶ。こうした誘惑はさまざまな形で現れる。ある時は、経営陣は投資家からもっと売り上げを伸ばせという圧力を受け、時として自らの基本的命題として規模拡大に取り組む。

　また、群集心理に囚われ、どの企業もタブレットを作っているから、あるいはインドや中国に進出しているから、わが社もそうしないと、という意識になることもある。あるいは、エゴが原動力となることもある。企業買収の場合、契約を締結して買収を完遂することは、それ自体がエゴを満足させる行為だ。

　もっとも優秀な企業ですら、こうした誘惑に無縁ではいられない。100年の歴史を持つコングロマリット企業、イリノイ・ツール・ワークス（ITW）の例を見てみよう。

　1912年創業のITWは、過去数十年間、小規模な企業を数百社買収し続けた結果、2012年には年商180億ドル近くという規模の企業になった。買収ゲームの結果、同社は58カ国で展開する850の独立した事業部門があちこちに広

がった連合体になった。それでも同社の一部門の平均年商は3,000万ドルに届かなかった。

　2012年、ITWは7つの主要事業部門と「その他」部門で構成されていた。同社の紹介動画は、「梱包、スクラップ、締め込み、溶接。建設、接合。平衡、切断。装飾、パッケージング、ラベリング、保護。これらの陰にはきっとITWがいるでしょう」と得意げに語っていた。

　ITWは運送業界向けに部品、ファスナー、流体、ポリマーを製造している。また、産業用梱包材としては、建設、造船業界で使われる鋼鉄、プラスチック、紙製品を、そして輸送用の保護材を製造している。

　同社の電力システム＆電子部門は電力変換装置と電子機器を製造している。厨房用品部門では業務用品を製造している。建設用工具部門は、工具、ファスナー類、その他の建築製品を製造している。ポリマー＆流体部門は接着剤、密閉剤、潤滑剤、その他の流体を製造している。またインテリア・サービス部門ではカウンタートップやフローリングなどを製造している。

　事業が分散したコングロマリットであるITWは長年売り上げ、利益とも安定的に成長してきた。だが、2008年の不況以降、成長が鈍化し、あちこちに散らばったポートフォリオのやり繰りに苦労するようになった。創業100周年目の年、ITWは集中を重視する戦略への大転換を発表し、事業ポートフォリオについては現行の850部門から120〜150部門に減らすことにした。低成長事業を切り離し、高い成長と差別化の見込みがある分野に投資し、180億ドルの売り上げの最大25％に相当する事業の売却を計画した。

　また、同社は当面は新規の買収を手控え、既存の買収企業の経営改善に取り組んでいる。スコット・サンティCEOはまるで成長中毒から回復したようにこう語った。「重点分野を絞り込み、新しく買収をせずに毎年5〜7％の売り上げ成長をする会社ができれば、それ以上のことがあるでしょうか？我々は成長に関する従来の見方を考え直す必要があったのです」。

　これが本書のメッセージだ。企業は成長に関する自社の前提を見直す必要がある。

グローバリゼーションは、中国、ブラジル、インド、インドネシアなど、世界中で発展途上にある国で構成される魅力的な市場を生み出し、「もっと」という誘惑をさらに強烈にしている。これらの市場の魅力は確かに抗いがたい。だが、そこから得られる報酬は（クラフトが過去数年の中国事業で理解したように）確実なものとはいえない。

　スタートアップ企業でさえ「もっと」の魅力に負けてしまうリスクがある。製品第一号を発売する前にすら、である。一般的にこれらの企業にとっての問題は、見かけの事業機会があまりに多すぎることだ。

　どの方向に向かうべきか？

　野原を四方八方に駆けめぐるウサギ一匹一匹をいちいち追いかけまわす愚を避けるにはどうしたらいいのか？

　事業を広げすぎて苦労するスタートアップ企業の例には事欠かない。

　デジタルソフトウェア＆メディアの分野で事業展開するリアルネットワークスを見てみよう。同社は、マイクロソフトで役員の任にあった時代に富を築いたロブ・グレイザーによって、進歩主義的政治コンテンツを供給するシステムを提供する企業として1994年に創業された。その後、同社はリアルプレーヤーのシステムを発売し、デジタル・オーディオや動画の分野の先駆者となった。

　ドットコム・ブームの最中、投資家のお気に入り企業となった同社は一つの中核事業に落ち着いてはいられなかった。ラプソディを買収し、音楽配信とメディア定額課金サービスを展開したが、後になって分社化した。

　また、オンラインゲームの制作販売を始めたこともあれば、さまざまなデバイスで個人が自分のメディアを管理するユニファイというシステムを開発したこともあった。携帯電話の分野では着信音サービスなどさまざまなサービスを展開している。また、プロフェッショナル・サービス部門では技術的サポートを提供している。

　これらは、修正が入りまくっている同社の雑然とした履歴書のほんの一部

にすぎない（こうしたウサギが駆けずり回るなか、同社はある一匹のウサギを追いかけないで逃がしてしまった。トニー・ファデルは音楽を一つにまとめてデバイスにリンクさせ、そのデバイスで再生させるシステムを売り込んだが、売り込まれた同社は、それに関心を示すには至らなかった。後にファデルはそれをアップルに売り込むことに成功し、最終的にそのアイデアはiPodとなった）。

リアルネットワークスでは、ここ数年間で（創業者ロブ・グレイザーの２度のCEO就任を含む）４回のCEO交代があり、業績が芳しくなかった。諸々の非生産的事業を抱えていることを考えれば、それも無理はない。

今から振り返れば、リアルネットワークスのような企業に関しては、ひとたび注意深く特化分野を選んだら他の分野には一切手を出すべきでないということは明らかに見える。

だが、売り上げと顧客基盤を伸ばすのに必死な状況では、そんな風に割り切って事業を絞り込むことは容易ではない。拡大へのプレッシャーに加え、口うるさい株主があれこれ指図する状況下では、どんな新しい事業機会も貴重に見えるし、気が散るからそれには手を出さないとは言えない。

森から飛び出してくるこうした多くのウサギにノーを言い続けるには、極めて大きな自制心が必要なのだ。

COLUMN

逆さまマーケティング

必死に成長を志向する企業は、不安によってお定まりの行動パターンに引きずり戻されてしまうことがある。

数年前、モハンは成長を加速させたいハイテク分野の某多国籍企業からアプローチを受けた。その企業は12カ月間で投資回収できるような事業機会を求めていた。その要求にはかなり無理があった。成長スピードを上げた

ければ、新しい市場に参入する、新製品を作る、新たな顧客セグメントをターゲットにするなど、新しく何かを始める必要がある。そして、新たに何かをやり始めるには時間がかかる。

　これに対し、止めることは一瞬でできる。これまでやってきた愚かなことを止める方が、新しく何かを始めるよりスピーディーなことはほぼ確実だ。モハンはその会社が止めるべきことは何かと考え、真逆の方向から問題にアプローチすることにした。

　モハンは茶目っ気たっぷりに「逆さまマーケティング」と銘打ったプレゼン資料をまとめた。それはビジネスの前提を根底から覆すものだった。

　マーケティングの教科書は「より多くの顧客を獲得せよ」と説く。だがモハンは、「いや、儲からない客は捨てろ」と言う。教科書は「もっと多くの製品を投入せよ」と説く。だが、モハンは、「利益も売り上げも生み出さない製品は切り捨てろ」と言い、「ブランドを増やすのではなく、いくつかに絞って展開せよ」と言う。「新たな市場に参入するのではなく、勝って支配できる少数の既存市場に集中せよ」と言う。

　こうした教えは「7つのフォーカス」の原則と共鳴する。モハンに尋ねてきた企業はこうした考え方に共感した。だが、単なる直感は、こうした考え方を推進していくのには不十分だ。個々の企業に欠けていたのは実行力だった。

複雑性に絞め殺される

　「もっと」という誘惑に負けると必ず起きるのは組織の複雑化だ。事業の性質や事業規模に依らず、無鉄砲な事業拡大に走る企業は手の込んだインフラを作り込むことが多い。一つひとつの新製品に対し、独自の管理、マーケ

ティング、販売のチームを作る。システムが増えれば、報告やルール、関与するヒトの数も増える。複雑性がオペレーション全体に浸み込んでくる。

　マイクロソフトのような優良企業でさえ格好のサンプルになってしまう。モハンはこれを、数年前、ワシントン州レドモンドに広がるこの巨大ハイテク企業の本社を訪れて目撃した。

　数年前からマイクロソフトと仕事をしてきたモハンは、まるで雨後の筍のように製品が増える有り様にしばしば驚かされてきた。例えば、ウィンドウズの新バージョンでは、そのほぼすべてで独自のインフラが育てられていた。それらは往々にして見合ったリターンを生まず、コストと複雑性の増大につながっていた。

　そこでモハンは同社の上級管理職グループに簡単な質問をしてみた。「ウィンドウズXPの「ホーム」と「プロ」の違いは？　顧客が知るべき違いは何でしょうか」と。

　彼らはすぐには答えられなかった。とうとうその一人が言った。「一番の違いは、ウィンドウズXPプロの方は、ユーザーが自分のPCにリモートログインできるようになっています」と。それが大きな違いでないことは明らかだった。

　経営陣が異なるバージョンがある理由をろくに説明できないのに、どうして顧客がそれを理解できるというのだろうか？

　複雑性はほぼ確実に利益を圧迫する。売り上げは直線的に成長するが、複雑性の増大は直線的でない。そして、問題は往々にして、もう遅すぎるという状態になってから明らかになる。それは食べ過ぎにも似ている。満腹のメッセージが胃から脳に伝わるには15分かかる。拡大中の企業は、実際にその時点で自社に起きていることを理解するまでに時間がかかる。理解できるまでのあいだにカロリーは着々と蓄積されていくというわけだ。

複雑性を理解する

　複雑性への対処法を示す前に、まず、それをどう測定するか理解してほしい。複雑性がもたらす苦痛の性質を理解すれば、複雑性というガンが社内でどの程度進行しているかが把握しやすくなる。以下は、それを助けるシンプルな枠組みだ。

　どんなビジネスも4つの基本要素で定義できる。単純化すれば、ビジネスとは、**何を**、**誰に**売るのか、**どこで**、**どうやって**提供するかだ。この4つの基本要素は次のように説明できる。

1. **何を（提供物）**：企業が提供するモノのこと。製品、サービス、ソリューション、プラットフォーム、ブランドなど。
2. **誰に（顧客）**：企業が直接、間接に仕える顧客のこと。顧客セグメント、顧客アカウント、対象業界などで規定できる。
3. **どこで（市場）**：企業が展開する市場。国内の地域や国際市場など。
4. **どうやって（機能）**：事業展開するための企業のオペレーションのこと。具体的には、工場、流通センター、サプライチェーン、倉庫、その他の物理的施設など。

　例えば、ジョンディアのような企業の例を考えてみよう。

　同社の場合は、**何を（提供物）**はダンプカー、バーベキュー用ガスグリル、工具、ガーデン用トラクター、一人乗り芝刈り機、除雪用機器など、201の製品ラインである。

　誰に（顧客）で見ると、農業、商業、建設業、スポーツ、住宅など、同社は9つの市場セグメントに参入している。一方、**どこで（市場）**で見ると世界30ヵ国で展開しているほか、**どうやって（機能）**としては多数の工場、複合的流通チャネル、世界中のサプライヤーとパートナー企業との複雑なネットワークを用いて、ということになる。

これらが企業の複雑性の程度を定義、測定するための４つの要素だ。つまり換言すれば、企業の複雑性には次のようなものがあるということだ。

提供する製品の複雑性：その企業には、どの程度の製品、バリエーション、ブランド、最小管理単位（SKU = stock keeping unit）があるだろうか？　消費財を提供する大企業を例にとって考えてみよう。
　500のブランドがあり、それぞれのブランドに6サイズ、12の形状、フレーバーがあるとする。さらに10の地域別バリエーションがあるとする。すると軽く25万SKUを超えることになる。
　提供するモノの複雑性は、新たなフレーバー、新たなパッケージサイズ、新たな製法、新たな形状、そして、海外市場の新ローカライズ製品などによってもたらされるSKUの増大とともに増していく。

顧客の複雑性：ビジネスライン、垂直市場、対象業種、ターゲットの顧客セグメントなどの数で見た場合、顧客はどのくらい多様なのだろうか？
　顧客はB2B（法人向け）とB2C（消費者向け）にまたがっているか？
　ハイテク関連の大企業の製品やサービスの提供先は、消費者、小規模企業、中堅企業、大企業、公的機関にまたがっている場合がある。そして、これらの市場セグメントの一つ一つに多くの顧客セグメントがある。
　法人市場の顧客は小売、保険、銀行、通信、消費財、エネルギーなどの業種に分かれているかもしれない。顧客が多様であればあるほど、それぞれの顧客セグメントでどんな製品やサービスを提供するか、どのように各顧客セグメントに効率的にリーチするか、各セグメントの収益性をどう測るかなどを決めるのが難しくなる。

市場の複雑性：いくつの国または地域で展開しているか？　展開する地域はどの程度多様か？　極めて複雑な多国籍企業は、世界の何十カ国にもわたり展開している場合がある。また、これらの国がいくつもの地域に分かれてい

る場合もある。

　これらの地域や国には、物理的な拠点が数百〜数千ある場合もあり、それぞれの場所や地域にそれぞれのローカル経営チーム、経営資源、計画が必要となる。そうなると今度は、さまざまな地域や市場の活動をコーディネートし、何を集権化し、何を分権化するかを決める必要が出てくる。

機能の複雑性：サプライチェーンの階層数、製造設備数、流通チャネルの多様性、提携関係の数と多様性、実施された買収件数、情報技術（IT）システムの多様性などの観点で見ると、オペレーションの複雑性はどの程度か？

　大企業は世界で数百の工場を操業し、流通業者と小売業者のグローバル・ネットワークを通じて製品を販売していることがある。工場数が多くなり、流通ネットワークが大きくなればなるほど、オペレーションの管理は複雑になる。

　複雑性は各要素の足し算ではなく、各要素の掛け算で増加する。企業全体の複雑性は、提供する製品、顧客、市場、機能の複雑性によって決まる。これら4つの複雑性を企業の売り上げと関係付けることで、どの程度複雑性が利益の減少につながるかが理解できるだろう。

　簡単に複雑性を測るには、提供する製品、顧客、市場、機能組織の数を掛け合わせ、次にそれで売り上げを割るといい。こうして算出した数値が小さければ小さいほど、その企業は売り上げを生み出す点で非効率であるといえる。

　以上をまとめる。事業拡大は魅力的だが、拡大すれば必然的に複雑性は増す。加えて、複雑性が増すスピードは売り上げの伸びを上回る。従って、利益を伴う成長を目指す企業にとって複雑性は敵なのだ。

　「もっと」の誘惑に屈しているかどうかを知るためには、次の質問に答えればよい。

- 最近の新製品は過去の製品に比べて利益率が低迷しているか？
- 最後の手段を使わなければならないほど新規顧客の獲得に苦労しているか？
- 直近に実施したいくつかの買収で利益率が低下したか？
- 最近のさまざまな買収は、もたらされる売り上げ以上に経営陣に頭痛のタネをもたらしているか？
- ここ数四半期の売り上げの伸びが利益の伸びを上回っているか？
- 社員一人あたり売り上げが減っているか？
- 売上高販管費比率が上昇傾向にあるか？
- 何が社内の最重要事項なのかという点で社員が混乱しているか？
- 最近参入した地域の市場で苦戦しているところがあるか？
- 社内がマトリクス組織となり、各部署の責任範囲が不明確になっているか？
- 社員の疲労が増すとともに、モラルが低下しているか？

これらの答えに「はい」が多い場合、「もっと」という誘惑に負けている可能性が高い。絞り込んで集中すべきときが来ている。

この10年というもの、航空会社の経営は困難を極めた。高騰する燃料価格、競争激化、天候不良、労使問題、規制強化、安全面の脅威増大、機体の新規納入の遅れ。問題のリストは果てしなく、それは次々と起きた。

　アリタリア航空、エア・インディアからアメリカン航空まで、世界の航空会社は次々と赤字転落し、破産に逃げこむところもあるほどだった。状況は時折改善したものの、航空会社の収益性をめぐるストーリーは全体的には陰鬱だった。

　こうした業界の混乱のなかでも、いくつかの航空会社は成長を遂げ収益を順調に伸ばし続け、そうした順調な業績は世界金融危機によっても変わらなかった。

　一見、対照的だが、実際には「絞り込んで勝つ」という類似のストーリーを描く航空会社2社の例を見ていこう。

　スピリット航空の旅客は通常、信じられないほど格安の航空券を買うところから旅を始める。同社のチケットはどの競合他社のものより数百ドルも安いことが多い。

　旅客が出発ゲートに到着しても、問い合わせに応じる時間と意思がある係員はいない。おそらく、そこにいるのはカウンターに並ぶ旅客だけだろう。手荷物を預ける場合、1個あたり30ドル以上を支払う。座席の下に入らない機内持ち込み手荷物があれば、それにもお金を払う必要がある。

　座席を選ぶための特別料金を支払っていない限り、搭乗後に決められた座席に座らされる。いずれにしても、機内の座席はどんな航空会社より狭く、おそらく、膝は前の座席の背もたれにぎゅうぎゅうと押し付けられるだろう。別料金を払えば、もう少し余裕のある席に座れるが、ファーストクラスはない。フライト中のビールや軽食は有料。水ですらタダではもらえない（3ドル）。機内には視聴用モニターがないので映画は見られない。代わりに頭上の荷物収納棚に貼られた広告を見て楽しむことになる。

　フライトアテンダントには、仮に乗客に呼び止められたとしても、ゆっくりとていねいに対応をする時間がほとんどない。ようやく目的地に到着した

ときには、あなたは数多くの他の旅客同様、人生最悪の惨めな旅がようやく終わったことに安堵のため息を漏らすに違いない。

それでも一度スピリット航空を使った客は、リピート客になる可能性がある。サービスの実態を知った上で、快適さや利便性を犠牲にしてでも安く旅行したいと望む人々である。

エミレーツ航空の客もやはり、まず航空券を買う。ファーストクラスなら１万ドル以上することもあり、通常でも他の航空会社より数千ドル以上は高いことが多い。大都市から遠くないところに住むファーストクラス、ビジネスクラスの客は、空港への到着が遅れることを気に病む必要はない。運転手付きの送迎車が空港までさっと送り届けてくれるからだ。

ゲート前で係員不在の列に並ばされてイライラするようなことはまずない。いずれにしても、ファーストクラスやビジネスクラスの客はフルサービスのエミレーツ・ラウンジで搭乗時間を待ち、そのあいだにきちんと作られた食事を取ることもできる。慌ただしく家を出たなら空港でシャワーを浴びることもできる。

エミレーツ航空ではファースト、ビジネス、エコノミーのチケットが選べるが、（すでに空港ラウンジでシャワーを浴びたから、大半のエミレーツ機に装備されているファーストクラス用シャワーは要らないと考えて）あなたはビジネスクラスのチケットを買ったとしよう。

ゆったりした座席で旅行を楽しみつつ、必要な場合は座席を倒してフラットベッドにすることもできる。背中が痛くなったら、座席に備え付けられたマッサージ機能が使える。機内のパーソナライズされたエンターテインメントシステムには1,500以上のチャンネルがあり、機内食では５皿が出されるコースメニューに極上のシャンパンとワインが付く。

フライトアテンダントは客が快適に過ごしているか常に気遣ってくれ、新鮮な果物やシャンパンのお代わりを持ってきてくれる。さらに、空港に到着すると出発時と同じように送迎車が最初の目的地に運んでくれる。多くの利用者がエミレーツ航空の旅をこれまで体験したなかで最高の飛行機の旅だっ

たと評価している。

　旅客輸送用航空会社であることを除けば、スピリット航空とエミレーツ航空にはほとんど共通点がないように見える。
　フロリダ州ミラマー市に本拠をおくスピリット航空は、積極的にコストカットしたアラカルト式のオペレーションを米国国内とカリブ海諸国で事業展開している。一方、ドバイに本拠をおくエミレーツ航空は、長距離の国際旅客向けに高級サービスを展開する。両社とも、航空業界が終わりの見えない経営面の乱気流に巻き込まれているにもかかわらず、極めて安定した成功をおさめている。
　スピリット航空は2006年に現行の格安サービスを導入し、2011年5月に株式上場した。同社の純利益は2008年以降、3倍に伸びた。収益の3分の1が旅客輸送収入以外の収益となっており、今後もその他収益は伸びる見込みだ。
　一方、1985年に小さな航空会社として地味に創業したエミレーツ航空は今や世界最大手の航空会社の一つに成長し、過去に赤字を計上したのは1期だけだ。世界的なトップブランドを目指して意欲的に進む同社は、一貫してサービスの質が世界最高の航空会社として評価されている。
　いずれの航空会社も、その成功理由にはさまざまな要因や特性がある。だが、両社に共通する最大の成功要因は何かといえば、それは絞り込みである。
　既存のレガシーキャリアがあらゆる顧客にあらゆるサービスを提供しようとしたのに対し、スピリット航空は格安航空券を売るとともに旅客から諸々の手数料を取ることに専念した。スピリット航空のベン・バルダンザCEOは自社の格安アプローチに悪びれる様子はまったくない。
　「マクドナルドでモートンズ・ザ・ステーキハウスと同じステーキが食べられないと文句を言うお客様はいません」と、彼は最近『フライト・グローバル』誌に語っている。「それに、高級百貨店のノードストロムになろうとする百円ショップの経営者もいません」ともコメントしている。

エミレーツ航空は、値は張るがエレガントなサービスという自社のオペレーションの本質から決して逸脱しなかった。「良い製品なら、最終的には価値に見合った価格を提示できます」と、同じく『フライト・グローバル』誌上でエミレーツ航空のティム・クラーク社長は述べている。「それが一番、大切です。お客さまはお値打ち感を重視されます。それを感じられれば、戻ってきて継続的にご利用くださいます」。

　他にも、これと似た「集中を切らさない」必勝戦略を採る企業がある。
　イケアは価格とデザインに対する意識の高い第一次住宅取得者というニッチ市場に特化している。また、激戦のレンタカー業界にあって、エンタープライズ・レンタカー社は、近隣の地元客向けに修理中の自家用車の代車としてレンタカーを貸し出す市場に特化している。さらに、今日、どこよりも成功している米国企業アップルに、製品とブランドがわずかしかないことは有名だ。アップルの創業者スティーブ・ジョブズは、絶えず「集中」という言葉を繰り返していた。
　スタートアップ企業にも集中が必要だ。セグウェイは歩行者用の新たな移動手段として個人向け起立型移動機器をマスマーケットに売り込もうとしてつまずいた。ところが、ターゲットを警察署や旅行ツアー会社に絞ったところ、熱狂的な買い手が見つかった。
　グローバル市場でもこうした原則は変わらない。クラフトは厳選した少数のカテゴリー、ブランド、市場に絞ることで傾きかけた中国事業を立て直した。
　これらの企業の経験は、「より多く」ではなく、「物事をそれまで以上にうまくやる」ということが成長につながるという重要な点を如実に示している。実際、成長はやるべきことを減らすことで生まれる。集中して取り組めば、少ないことを確実にできるようになる。集中すれば、戦略はシンプルになり、着実に実行できるようになる。
　ワイン作りの農家は、ぶどうの質を高めて収穫を増やすには、ぶどうの木

を低く刈り込めばよいことを学んだ。ビジネスにも同様の逆説が当てはまる。成長はまず、切り捨てることから始まる。

　集中は企業の内部のあらゆる部署でも使える。製造業を例に取ろう。
　モハンがタイタンウォッチというインドの時計メーカーと仕事をしていた1980年代、同社は工場に問題があることに気づいた。同社は市場のあらゆるセグメント、スタイル、価格帯を対象として数百種のモデルを提供していた。その一部は、マスマーケット用の汎用品だった。これらは毎年、数万個が売れたが、利益率は極めて低かった。一方、その対極にはハイエンドの複雑で高価なモデルがあった。年間販売個数は数百個程度だったが、利益率は高かった。
　マスマーケット用の時計とハイエンド用の時計を同じ製法では作れないと気づいたタイタンは、一つの工場の中に二つの別の工場を作った。
　一つは大量生産用のラインで、高度に自動化されて時計1個あたりの製造コストは低かった。反面、モデルチェンジの必要がほとんどないため、工程は固定的だった。一方、もう一つのラインは、熟練した職人が複雑で繊細な時計を作るために設計された工房だった。工房はモデルを柔軟に変更できるよう最適化されていた反面、時計1個あたりの製造コストは大量生産用のラインよりはるかに高かった。
　すなわち、タイタンはマスマーケット用に設計された低コストの製造工場と、少量で複雑な製品を製造する工場という、対象を絞り込んだ2つの工場を作った。製造工程に集中の概念を導入することで、タイタンは市場の両極のニーズを満たせるようになった。
　同様のロジックがブランディングなどのマーケティングの意思決定にも適用できる。
　スマートフォンが好例だ。スマートフォン事業の競争では、サムスンとアップルが抜きん出ている。この2社に共通しているのは何か？　絞り込んだブランド戦略だ。

アップルはiPhoneを作り、それ以外にブランドはない。メモリー容量や通信能力が違う複数の製品を作っているが、それらはすべてアイフォンと呼ばれている。

　一方、サムスンは当初、ブラックジャック、インスティンクト、フォーカスなど、さまざまなブランド・ポートフォリオを持っていたが、今は、アンドロイド用スマートフォンとタブレットはすべてギャラクシーと呼ばれている――スマートフォンのギャラクシーS4、さまざまなサイズのギャラクシー・ノートやギャラクシー・タブ。ブランドを乱発せず、その数を制限することは、スマートフォン事業におけるサムスンの華々しい躍進に大きく寄与した。

　ギャラクシー・ブランドはその潤沢な自己資本を武器に無敵のアイフォンに伍していけるようになったのだ。

　その傍らで、LG、HTC、ブラックベリーといったライバルが弱小ブランドの大海でもがいている。ブランド構築を成功させるには、投資と時間が必要だ。少数に絞り込み、それに長く投資することで投資が回収できるというのがここから得られる教訓だ。

COLUMN

5本の指ルール

　サンジェイはキャリア形成の初期のころに、絞り込んで集中するメリットについて生々しい教訓を通して学んだ。

　彼はインド最難関の大学を卒業し、渡米して勉学を続ける予定だったが、病気の母のそばを離れられなかったのでインドのユニリーバに就職した。英蘭合弁のこの巨大企業で、彼は営業担当者としてインド北部辺境の地ジャムに派遣された。会社から与えられたのは、手押し車に石鹸と洗剤を載せて零細な家族経営の店に売り歩く仕事だった。

毎日の仕事は惨めだった。彼は店から店へと戸を叩き、製品を店頭に並べてくれることを期待しながら、店主が客に対応し終わるのを辛抱強く待ちながら商売した。

　サンジェイは出世を望んでいたから、初めての勤務評定では、現状、数値、売り上げなどをていねいにまとめた分厚い書類を用意し、G.P.というイニシャルで知られる伝説的な営業マネージャーであるインド人上司にプレゼンした。

　上司は書類を拒んで、退けた。「手に指は何本ある？」、サンジェイはそう尋ねられた。

　驚いたサンジェイはその質問の意味を問うた。

　「指は何本あるの？」、G.P.は繰り返した。

　「5本です」、サンジェイは肩をすくめて言った。

　「それが大切だ。君にやってほしい5つのことを決めよう。結果を測るのはその5つのことだけだ。結果は1枚にまとめてほしい。5つだけだ。それ以外の細かいことを私が知る必要はない」。

　5つに絞り込んだところ、自分がやっていた多くのことはこれからはやらなくていいということがサンジェイにはすぐわかった。それは絞り込んだ対象に注意力を注ぐことにつながる。そうして5つだけを狙えば、進捗状況を測る厳密でシンプルな方法が得られる。サンジェイの人生はまもなく変化した。

　人間が短期的に情報処理できる能力を考えたとき、数字の7（または5や9）に魔法の力が宿っているかどうかを心理学者たちは半世紀以上にわたり議論してきた。こうした議論をサンジェイはまったく知らなかった。だが、彼がG.P.からもらった教訓を忘れることはなかった。

　目的、方向、ルール、指標など、人間に課されるほぼすべての努力目標において、その数は少なくしておかなければならないのだ。

また集中を促進していくという観点では、焦点のぼけたコングロマリットの戦略ロジックも問題となる。ヴァージン・グループ、ゼネラル・エレクトリック、インドのリライアンス・グループなど、確かに成功し続けるコングロマリットもあるものの、実際、これらの企業はかなり大きな絞り込みをしている。

　ヴァージン・グループの元最高マーケティング責任者のイアン・ローデンによれば、同社ではヴァージンというブランドがグループ統合のカギとなる唯一の資産となっている。同グループ傘下の数百の企業は驚くほど多岐にわたる産業や市場で展開しているが、持ち株会社のパートナーが、これらすべての事業をヴァージン・ブランド独自の価値観に合ったものにしている。

　同様に、リライアンス・グループも石油化学、小売、通信などさまざまな産業で展開している。同社では、巨大インフラの必要性と複雑な大規模プロジェクトの管理能力という二つのテーマが全事業に通底している。一方、ITT、フォーチュン・ブランズ、サラ・リー、タイコ、モトローラ、アボット、クラフトなど、従来型の多角化企業は絞り込まれた傘下の企業群で構成されている。

　モトローラを例にとろう。数年前まで、一つ屋根の下で携帯端末、インフラ、ソフトウェア、サービスなど何でも展開するエンドツーエンドの戦略は理にかなっていると同社の上級管理職は主張していた。そうすることで、自社はAT＆Tやボーダフォンのような携帯サービス業者にとってワンストップショップとなれると。

　だが、インフラ事業は携帯端末事業とは根本的に違っている。インフラ事業の中心部分はB2B（産業財マーケティング）のエンジニアリング・ビジネスであり、顧客となるのは少数の大企業だ。インフラの営業は直販の営業部隊が担い、その販売サイクルは数年間にわたっている。カスタマーサポートはオンサイトで行われ、顧客との関係は深く複雑である。インフラ事業の買い手となる顧客は、企業でネットワーク運営を担当する上級管理職だ。

　これに対し、携帯端末は一種のファッションビジネスに属し、製品のライ

フサイクルは短い。気まぐれな消費者の嗜好に合わせてすばやく新製品を投入する必要がある。携帯端末はオンライン、オフラインの店舗で小売販売され、顧客は数百万人におよぶ。

携帯端末のマーケティングはB2C（消費財マーケティング）に近く、インフラ事業のマーケティングとの類似点はほとんどない。一つ屋根の下にインフラ事業と携帯端末事業の両方を置くことは戦略上あまり意味がない。

モトローラは新しいCEOにサンジェイ・ジャを招いた。より集中を進めるべく、サンジェイ・ジャは同社をコンシューマー事業部門とインフラ事業部門に分割した。

他の企業でも似たような話がある。クラフトのグローバル・スナック事業は急成長していたが、投資とハイペースのイノベーションが必要とされていた。一方、同社の北米食品事業は成長スピードが比較的緩慢で、膨大なキャッシュを生み出しており、コスト管理に目を光らせる必要があった。

これら２つの事業は、異なるドラム奏者のリズムにマッチする。そのため、クラフトは最近、２つの会社（北米の食品事業はクラフト、スナック事業はモンデリーズ・インターナショナル）に分割し、別の方向性を志向できるような決定を下した。

集中した方がいいというのは何も特別なことではない。誰もが集中はいいことだと思っている。ごちゃごちゃしたもの、無秩序で無計画な拡大のすばらしさを説いて歩く高名な経営コンサルタントなど、どこを探してもいない。集中することの重要性は常に繰り返されている。

それは何もビジネス界に限らない。バスケットボールのコーチは集中し続けなければならないとチームに説き続ける。政治評論家は集中を失った大統領をたしなめる。個人もまた、集中が大事だということを認識している。「コースの４分の３か半分くらいで集中が切れてしまいました」と数年前、世界選手権のレースから脱落した優秀なアメリカ人スキー選手リンゼイ・ボンも述べている。

では、なぜ、集中し続けられないのか？

（世界に通用するアスリートがそうであるように）集中を保つのは企業にとって、極めて難しいことである。それには勇気が必要だからだ。理論の王道に抗って、一般常識と戦わなければならないのだ。

創業して間もない頃のエミレーツ航空は、その高級路線の戦略に対し、業界から広く疑いの目を向けられた。「どれだけイノベーティブでいられるか、勇気を持ち続けられるか、それが問題です」とティム・クラーク社長は言う。

スピリット航空は、ローコストキャリアのトップ企業であるサウスウェスト航空とジェットブルー航空を見て問うている。なぜ、徹底的にやらないのかと。旅客運賃に絶えず集中し続けたスピリット航空の2012年の旅客運賃の損益分岐点はサウスウェスト航空より58％、ジェットブルー航空より116％も低かった。

また、買収による成長が航空業界を席巻するなか、スピリット航空は買収ゲームのプレーヤーにはならないとベン・バルダンザは言い、『フライト・グローバル』誌に「スピリット航空をどこかの会社が買収したら、我が社のコスト構造を台無しにしてしまうでしょう」と語った。

集中には極めて厳格な自制心が求められる。ビジネスの世界には、いかにも一見、新たな事業機会のように見える多くの気晴らしや誘惑が転がっている。「人々は成功に目がくらんでしまうのです」とクラフトでサンジェイと共に働いたカルロス・エイブラムズ＝リベラは述べている。「新しく、これまでと違うモノがキラキラ輝いて見えて興奮してしまう。それが人間の心の自然な動き、人情というものです」。

これと正反対で、何か問題が起きたときにも、人は何かをする必要性や、なんでもいいからやらないといけないという焦りを感じ、うまくいかないことがあれば、今度は違うことを試してみたくなる。

ヒューレット・パッカード（HP）の最近の混乱ぶりを見てみよう。同社ではこの10年足らずで4回のCEO交代があり、戦略の取り組みはころころ

と変わり、時価総額は大きく縮小した。その犯人は、EDSやパームの瀕死のスマホ用ソフトなど、大企業、問題会社などに対する度を越した買収騒ぎである。

その結果、HPは信じ難いような広範囲の新規事業に次から次へと乗り出すはめになり、中核事業のプリンターとPC事業から関心が逸れてしまった。

HPはかつて、信頼性の高い革新的なPC、サーバー、プリンターでその名を知られていた。現在のHPは、スマートフォン、タブレットから、アウトソーシング・サービス、ネットワーク機器までちょこちょこやる何でも屋だ。同社は集中を失い、同時に進んでいく方向性も見失ってしまったのだ。

HPはコピー機とコピー技術で名を馳せる発明企業ゼロックスから何かを学べるはずだ。ゼロックスはコダックやポラロイドと同じ運命を辿ってもおかしくはなかった。同社は本業のコピー機と印刷技術が、電子商取引やデジタルメディアの脅威に晒されており、この世から消え去るか、または本業と無関係の事業に成長機会を求めてつまずいていても不思議でなかった。

だが、同社はそのようになる代わりに、ビジネスサービス会社に生まれ変わるという野心的な取り組みに乗り出した。おかげで、「ドキュメント・カンパニー」という従来の集中領域を失わず、文書を中心としたビジネスサービス運営という高収益の分野に進出できたのだった。今日、ゼロックスは、メディケイドの保険金請求から、ETC、駐車場の駐車券処理までを手がける企業である。

2010年のアフィリエイテッド・コンピューター・サービス買収により、ゼロックスは売り上げの半分以上を法人顧客に対する事務処理や業務インフラの運営管理で計上するようになった。また、世界中の160のカスタマーケアセンターで、30カ国語で1日160万件以上のカスタマーインタラクション（顧客管理）を手がけている。

さらに、1,100万人の企業従業員と退職者向けに人事・福利厚生サービスを提供し、1カ月に300万件のクレジットカード申請を処理し、1年に9億件の健康保険還付申請を処理し、世界400都市で370億件のバス、市電、地

下鉄の運賃処理を行っている。

　ゼロックスはビジネスサービスの分野に積極的に進出したものの、作成と再生というかつての本業とのあいだに、明快かつ整合性のあるつながりを保っている。75年前、ゼロックスは、シンプルに情報を共有する革命的方法を編み出した。現在は、法人顧客相手に情報ベースの複雑なビジネス処理を簡素化することに集中している。ゼロックスは集中を原動力とし、継続性を失わずに変化したといえるだろう。

　集中がもたらすパワーを理解いただけただろうか？
　次に、ではどこから始めるかが問題となる。どうしたら約束の地が見つかるだろうか？
　「7つのフォーカス」のアプローチの各ステップを通じ、そんな旅をしていこう。旅はまず、突破口となる事業機会につながるインサイトを探すことから始まる。

第3章

発見：
成長の源泉を探す

Discovery
Search for Growth

Strategy
Pick Your Bets

Rallying Cry
Rouse the Troops

People
Unleash Potential

Execution
Simplify and Delegate

Organization
Align and Collaborate

Metrics
Measure and Communicate Progress

Focus 7

きれいな風景写真を撮るには、まず全体を広角レンズで捉え、一番面白い題材となりそうなディテールに徐々に焦点を絞り込んでいくのがベストだということを写真家は知っている。会社が絞り込みの対象を決めるのも同じだ。

最初のステップは、さまざまな事業機会のあるランドスケープを広く見わたし、最も将来性がありそうな機会を見つけ出すことだ。これが発見のプロセスである。こうした発見がそのまま、「見つけよう、瓶詰めしよう、拡げよう（Find it. Bottle it. Scale it.）」というモットーにつながる。

ウチとソト、つまり社内と市場を探し、最も高い将来性が見込めそうな機会を見つけよう。見つかったら、社員と共有し、それらの機会を社内全体に拡げていこう。

／インサイトの発見経路

発見は、成長機会に転換できるような顧客と市場のインサイトを見つけることから始まる。インサイトは成長のパワフルなエンジンとなりうる。年商数十億ドルの企業もたった一つの観察から生まれている。

ホーム・デポは、ますます多くの消費者が自宅のリノベーションを自分でやりたがっているというインサイトを理解し、「あなたにもできます。わたしたちはお手伝いできます」というキャッチフレーズでDIY（日曜大工）セグメントにリーチした。

スターバックスは、「（オフィス、自宅に次ぐ）第三の場所」を得られるなら、顧客は喜んで割増料金を払うだろうというアイデアに基づき、友人同士が集い、コーヒーを飲めるような、くつろいだ雰囲気の店を作った。

ネットフリックスは、DVD返却の延滞料金が積もり積もって四苦八苦する米DVD、CDレンタルチェーンのブロックバスターの顧客の痛みを理解することで、新たなモデルのDVDレンタル事業を作って大成功した。

エアビーアンドビーは、自宅の空き部屋は短期の賃貸に使えるというインサイトに基づいて高収益の事業を築いた。

ヴィクトル・ユーゴーの有名な言葉にあるように、「時代に合ったアイデアほど強いものはない」のである。

　インサイトは成長過程の中で企業がスケールアップしていく助けにもなる。
　ユニリーバのリプトンティー部門は、ポルトガルとサウジアラビアの紅茶の売り上げが驚くほど好調だということを発見した。これらの地域では、リプトンティーは単に他の紅茶に対してだけではなく、もっと広い飲料市場全体で競争していたのだった。この二国でのインサイトを他国にも広めることでリプトンティーの売り上げは急成長した。
　製薬会社ギリアド・サイエンシズは、自社のエイズ治療薬事業を患者と医師の目で見直したところ、患者は正確な間隔を空けて、1日の服用量が異なるさまざまな薬を1日最大17種類も服用しなければならないことを発見した。こうした複雑な投薬方法のせいで、薬に効能があっても、患者が得られる効能は思わしくなかった。
　ギリアドは得られたインサイトに基づき、1日1回の服用で済む初めてのHIV治療薬アトリプラを発売した。それは服薬コンプライアンスと患者の生活の質の改善に大きく貢献した。現在、HIVの処方薬として売り上げナンバーワンのアトリプラは2012年には、売上高35億7,000万ドルを達成している。規模の大きい競合他社との競争の中で優位性を保ち続けている。

　インサイトは後になって振り返れば当たり前だと思いがちだが、実際にそれを見つけるのは難しかったりする。ありふれた風景の中に隠れているインサイトもある。それを見つけるコツは、他の人と同じ現象を眺めながら、誰も考えなかったようなことを考えることだ。発見のプロセスの発動には、抜本的変革につながる力のあるインサイトが必要となる。
　もちろん、偶然の発見や直感も成功の種を見つけるのに重要な役割を果たすものの、偶然に委ねておくにはインサイトはあまりにも重要すぎる。方法はある。体系的な一連の分析の経路を検討するのだ。わたしたちはこれまで

図表3-1 ▶ インサイトの発見経路：成長機会を探す

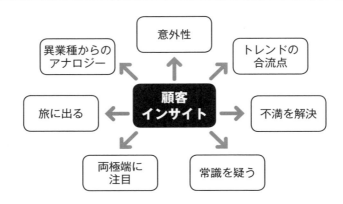

の経験に基づき、発見プロセスに方向と力を与えるインサイトの発見経路を特定した（**図表3-1**）。

意外性：新製品、価格とデザインのバリエーション、販路の変更など、さまざまなアイデアを試すという点では、どんな企業も実験室であり、研究センターといえる。こうした実験は、事業部門や地域市場が抱える問題や求める成長機会への対応として実施されることが多い。実験によって、通常のビジネスから大きく乖離した結果が生まれることがある。これは意外性というものであり、奇妙で、びっくりするようなバリエーション（分散値）である。このようなバリエーションは成長機会をはぐくんでいる可能性がある。

　デュポンのブラジル事業でモハンが学んだストーリーを例に取ろう。
　ブラジル、特にサンパウロでは暴力は日常茶飯事、一般のブラジル人は運悪く事件に巻き込まれることがよくあることに同社は気づいた。人々はとりわけ、夜間に犯罪多発地域を車で移動するとき不安を感じていた。こうしたインサイトを踏まえ、ミドルクラスの消費者が手頃な値段で車に防護器具を装着できる方法をデュポンは考え出した。

デュポン・アーミュラはアラミド繊維ケブラーを使い、軽量かつしなやかで、車体にぴったりフィットするよう型抜きされた防弾用パネルを考案した。デュポン・アーミュラの自動車防御キットは暴力犯罪で使われる97パーセントの種類の銃からの発砲から車を守ることができる。キットの重量は全部合わせて200ポンド（約90キロ）、価格は1万2,000ドルと、従来型の防御器具と比べてはるかに軽量で安い。おまけに、その防御用キットは車を購入したらその後すぐにディーラーに装着してもらえる。

　デュポン・アーミュラは意外な状況に意外な製品で対応した。これはブラジル以外ではあり得ない製品だが、犯罪が多発するサンパウロでは極めて理にかなった製品なのだ。

　また、結果につながる意外性を見つけたければ、社外に探しにいかなければならないこともある。カギとなるのは市場データの読み漁りだ。

　明らかにおかしな数値はどこにある？
　何が意外なのか？
　製品は市場に浸透し過ぎているのか、それともまだ浸透が足りないのか？
　ある顧客セグメントは新製品に殺到しているか、それともそっぽを向いているか？
　製品に対する男女の反応は違うか？
　これらの気づきがあれば、深掘りしてそうした意外性の理由を考えてみることである。

　ワールプールは成長機会を探っているときにそのことを学んだ。人々は家の見た目の印象には気を配るが、ガレージは放置していることを同社は発見した。その理由は、ガレージをモノで乱雑な状態にすることで、初めて家の整理整頓ができると考えられているからだった！

　それに、ガレージを整理整頓しても一体、そこで何ができるというのだろう？

　この意外性に基づき、どうしたら家を整理整頓する感覚をガレージに広げ

られるかをワールプールは追求するようになった。ガレージを、自宅を高く売るのに役立つ、価値ある特別な空間にするにはどうしたらいいだろう？

こうした問いに、ワールプールはグラディエーター・ガレージワークスという新規事業でもって答えた。この事業は、さまざまな収納製品や整理整頓用の製品を提案することで、ガレージを車好き、スポーツ狂、園芸愛好家たちのライフスタイル空間にするものだった。それは近年、ワールプールの最も成功した新規事業となった。

すべては、「なぜ家は綺麗なのにガレージは乱れていていいのか？」という、一つの意外性の発見から始まった。消費者はこれを当たり前のことと考えていた。きれいな家と整理されたガレージを両方一度に得られるなど、想像を超えたことだったのだから！

トレンドの合流点：新たに生まれた複数のトレンドが一つに交わる場所や、それらを融合させた交差点に成長機会が生まれることがある。

例えば、デジタルコンテンツとデジタルサービスにおける今日の３大トレンドであるソーシャル、ローカル、モバイル（３つ合わせてSoLoMoと呼ばれることもある）の分野を見てみよう。SoLoMoが交差する場所で高い評価を得ているスタートアップ企業が誕生した。いくつかの例をあげよう。

ソーシャルとモバイルが出合ったところに割引サイトのグルーポンが生まれた。ソーシャルとモバイル動画が出合ったところにソーシャルメディア上で短い動画を交換できるスナップチャットとヴァインが生まれた。モバイルとローカルが出合ったところに、自分の訪れた場所を保存し友達とシェアできるサービスであるフォースクエアが生まれた。

２つ以上のトレンドが同時に来る場所が見つけられれば、交差点にはほぼ確実に貴重なインサイトが埋まっている。

不満を解決：痛みや不便さは実り多い成長機会の源だ。潜在顧客がうまく問題解決できない領域を探そう。

ダイヤモンドと他の宝石のネット販売を手がけるブルーナイルの創業者マーク・バドンは、彼自身、不満を抱えた顧客の一人だった。1990年代後半、婚約指輪を買おうとしたバドンは、実店舗でのダイヤモンド購入経験に不満を覚えた。実は多くの男性が同じような不満を感じていたのだった。

　ダイヤモンドの等級や価格設定を理解するのは容易でないうえ、この小さな石は高価だった。買い手――それは何の予備知識もなく来店する男性が多い――は、多くを店頭で学ぶ必要があり、しかも販売員から購入圧力を掛けられることで買い物体験はさらに悲惨なものになる。

　バドンはこうした不満に基づきブルーナイル・ドットコムを創業した。同社のサイトを訪れる顧客はダイヤモンドについて豊富な情報を仕入れられ、しかも販売員のプレッシャーなしに数万点の商品を比較的低価格で買える。今日、ブルーナイルは世界最大のオンライン・ダイヤモンド小売販売店となっている。

　不満に基づくビジネスはたくさんある。

　動画のレンタル＆配信サービスを手がけるネットフリックスは、共同創業者のリード・ヘイスティングスがレンタルビデオ店のブロックバスターにDVDを返すのが遅れた時の延滞料金にうんざりしたことがきっかけで創業された。

　史上最速の急成長を遂げたセールスフォース・ドットコムは、企業が既存のCRM（顧客管理）ソフトに感じていた不満を利用した。既存のCRMソフトは数百万ドルもするうえ、インストールだけでも数年を要し、メンテナンスも苦痛を伴うものだった。高額のソフトを買い、インストールし、メンテする必要をなくし、ネットワーク上で提供されるソフトに月極め定額料金を払うという新たなサービスを同社は創出した。

　その後も、マーケティング、カスタマーサービス、社内ソーシャルネットワーキングなどの分野での類似の不満にセールスフォースは一貫して対処することで成長し続けた。

常識を疑う：一般常識や習慣の一部をつまみ上げてそれを逆向きにできれば、意外性の扉が開くことがある。変転極まりない世界では、かつての常識はもう無意味になっているかもしれない。あるいは、あまのじゃくでいることで新しい市場の道が拓けるかもしれない。

小型高級ホテルを世界の主要都市と観光地で展開するカペラ・ホテルズ＆リゾーツは、昔からホテルやモーテルはなぜ正午から午後4時にチェックイン時間を設けているのだろうかと不思議に思った。ホテル客は必ずしも迎える側の日課の都合に合わせて到着したり出発したりするわけではないのに。

チェックイン時間の常識が生まれたのは、もしチェックインしたい時間に客をチェックインさせれば、館内の清掃で1日中騒音を立てることになり、室内の客にうるさい思いをさせてしまうからだった。

そこで、カペラはシンプルかつ抜本的な解決策を取ることにした。全室に防音措置を施し、清掃と洗濯は特定の時間帯ではなく常時行うようにしたのだ。その結果、カペラの利用客は自分の都合のいい時間にチェックインできるようになった。このイノベーションのおかげで、カペラはビジネス客の獲得競争で抜きん出ることが可能になった。

弁護士事務所は常識の塊のようなところだ。パートナーシップ形態で運営され、ロースクールを卒業した新卒アソシエイトを採用し、将来のパートナー候補としてキャリアパスを敷く。弁護士は年間請求可能時間の多寡でそのパフォーマンスを査定される。

ニューエイジの弁護士事務所であるアクシオムはこうした常識をひっくり返すことで事業機会を見つけた。アクシオムは一種の高級専門人材派遣事務所として運営されており、一流のプロジェクトに、提携弁護士を短期または数カ月の単位で派遣する。提携弁護士は自宅か顧客の事務所で働くため、アクシオムは経費を（そしてクライアントに請求する報酬も）抑えられる。

クライアントはアクシオムが大手事務所のように経費を上乗せせず、しかも、専門性があり経験豊富な弁護士のサービスが受けられることに満足している。一方、弁護士の側も、アクシオムのおかげで、絶えず案件を探して、

請求可能時間を計上していく必要性から解放され、案件、クライアント、スケジュールを自由に選ぶことができる点が気に入っている。

アクシオムの登録弁護士数は現在、約600名に上っている。これらの弁護士には、最難関のロースクール出身で、大手弁護士事務所に在籍経験のある人材もいる。一方、そのクライアント企業の多くがフォーチュン500にランクされるトップ企業である。

両極端に注目：企業の多くはメインストリームの顧客に時間をかけすぎており、両極端の顧客の研究に十分な時間を費やそうとしない。だが、稼げる客以外にも、学べる客というのがいるものだ。学べる客は顧客基盤の周縁（正規分布の端）にいることが多い。彼らは不思議な人種で、あなたの会社の製品に完全にハマっていることもあれば、あなたの会社からも競合他社からもほとんど買い物経験がなかったりすることもある。

ハイエンド側の顧客は要求水準が高く、平均をはるかに凌駕して先を行っている人たちであり、あなたの会社が進むべき道を示していることが多い。

例えば、自動車メーカーは長年にわたりカーレース界と近い距離を保ち、安全性の機能からエンジン技術のイノベーションまで、カーレースから得たアイデアを活用し、同時に自社のアイデアをレース・サーキット上でテストしてきた。また、多くのハイテク・スタートアップ企業はイスラエル国防軍とのセキュリティソフト分野の取引から誕生した。

一方のローエンド側では、購買頻度の低い顧客が市場を拡げる方法を教えてくれる。例えばノキアでは、インドの農村地帯に携帯電話を売る営業努力が複数のイノベーションにつながった。インドの農村は街灯がないところが多い。そのため、ノキアは携帯端末に懐中電灯機能を付け、夜間の外出に役立つようにした。また、ラジオ受信ができる携帯端末の生産を開始し、携帯電話を家庭用娯楽機器にした。

最近、インドのノキアは携帯電話同士で送金できる機器を発売し、銀行の支店が不在もしくは遠隔地にある地域で、金融取引のツールとしての携帯端

末の価値をますます高めている。

旅に出る：オフィスビルから出て顧客の日常に身を晒せば学べることはたくさんある。アメリカ大陸を発見したコロンブスは、まず船に乗り、海を渡ったのだ。人々を理解するには、その生活や仕事のシーン、企業にとって馴染みの薄い場所で生活する人々を観察する必要がある。そこでの発見は、アンケートやフォーカスグループよりも、はるかに多くのものをあなたにもたらしてくれるだろう。

こうした古典的な例がゼロックスにある。同社は他の企業に先駆けて民俗誌学者を登用し、人々がテクノロジーを実際にどう使っているかを従来以上にしっかり追跡しようとした。1980年代、同社はブレークスルーとなるアイデアを求め、プリンターの利用方法調査に民俗誌学者グループを派遣した。調査先は顧客のオフィスで、調査はいわゆる自然な環境下で行われた。

民俗誌学の研究者は、人々はプリンターが紙詰まりすると、どう直していいかわからずにまごつくことを発見した。紙詰まり解消は、実際にはそれほど難しくないのに、それは大事件のように見えた。これを解決するため、ゼロックスは共通のデザイン言語でコピー機を使いやすくした。

ゼロックスのコピー機は、目につく大きなハンドルが扉に付いている。また、色分けにより、コピー用原稿を置くスペースは緑、コピー紙を挿入するスペースは青、コピーされた文書が出てくるスペースは赤というように各エリアが色分けされている。

ユーザビリティの改善は劇的だった。設計変更前には紙詰まりを直すのに28分かかっていたのが変更後は20秒に短縮された。こうしたユーザビリティ改善の副次効果は、紙詰まりを解消しやすくなったユーザーが多少の紙詰まりを許容するようになったことだ。

異業種からのアナロジー：異業種を見回してみよう。他の事業でうまく機能していてあなたのビジネスに導入できることはないだろうか？　ある分野で

当たり前のことがあなたの市場では一度も試されていないということはしばしばある。

メキシコのセメント会社セメックスは、生コン事業で抱えていた厄介な問題を解決するのに、畑違いの業界からインスピレーションを得た。

建設ビジネスは天候に左右されるなど、不安定で予測が難しい商売だ。顧客は納入前のギリギリのタイミングで入れていた注文の半分近くをキャンセルしたり予定納期を延期したりするのだった。顧客がもはや必要としないトラック一台分の手元の生コンをセメックスは一体、どうすればいいのだろう？　生コンはもはや戸棚にしまい直すわけにはいかないのだ。

セメックスは迅速な対応に長けた異業種を見回した。インスピレーションは、ヒューストン緊急事態対応センターから得られた。このセンターは事故発生から10分以内に救急救命士のチームをほぼ確実に事故現場に出動させることができた。これを可能にしていたのが出動ネットワークだった。

セメックスはこのインサイトを採用し、自社保有のトラックに位置情報を追跡するGPSを設置し、これを衛星追跡システムで同社の司令センターにつないだ。そのおかげでセメックスは荷動きをリアルタイムで把握し、注文に応じて必要時にタイムリーにトラックを動かせるようになった。注文キャンセルの場合、トラックは行き先を至近距離の別の顧客に変えるだけだ。

これが異業種からのアナロジーだ。緊急事態対応センターが救急救命士を出動させ、タクシー会社がタクシーを配車するのと同じように、セメント用トラックを配車するのだ。これまで縁が薄かった遠い異業種から学んで応用できるアイデアは山ほどある。

行動の中にある発見：ハイアットホテルの例

将来性あるイノベーションの追求はどんなビジネスでも絶えず行われるべきだ。発見は常に行われなければならない。こうしたプロセスがどんどん起きるよう、上述のインサイトの発見経路のリストを社員に配ることをお勧め

したい。

　リストにはあなたの業界の例も使ったらいい。また、本書では見逃しているインサイト経路が見つかるかもしれない。イノベーションを発見することの重要性を強調する会議を時折開こう。いいアイデアは万人からあらゆるところで生まれる可能性があるため、社員には常にアンテナを張っておくようにさせよう。社員全員がインサイトの発見経路のリストを持っていれば、それが忘れられることはない。

　企業はしばしば過渡期に体系的な発見プロセスを経験するだろう。

　最近、それを経験したのがハイアット・ホテルズ・コーポレーションだ。2009年の株式上場後、ハイアットのマーク・ホプラマジアンCEOは、競合する全カテゴリーで「最も好き」という顧客ランキングを獲得するという目標を定めた。その時点の自社の置かれたポジションを確認するため同社はブランド健全度調査を業者に依頼し、大量のホテル利用客サンプルをもとに、競合他社と比べてハイアットがどう知覚されているかを理解しようとした。

　結果は不安を引き起こすものだった。ホスピタリティ・ビジネスの一般的風潮にたがわず、ハイアットも「どのホテルも同じ」というコモディティ化の海を漂っていたのだった。「ホテル業界は極めてコモディティ化された業界となっていました」と2011年に最高イノベーション責任者として同社に入社したジェフ・セメンチュクは述べる。調査で明らかになったのは、「ホテル業務の大半が業務マニュアルや手順に沿って極めて機械的に運営されており、この20〜30年に大きな変化はない」ということだった。

　そこで、ハイアットは強力な発見プロセスを発動し、事業機会がどこにあるのかを探し始めた。まず、ビジネス出張客から家族旅行客まで、あらゆるホテル利用者に聞き取り調査することから始めた。その結果わかったことは耳が痛いことが多かった。上記インサイトの発見経路に照らしてみると、顧客の不満からは潜在的機会が吹き出していた。

　最も強く刺さったあるメッセージは、「女性のことが考えられていません。

ハイアットは男性が男性のために作ったホテルです」。女性からのものだった。ますます増える女性ビジネス客への気遣いは依然として二の次だった。トイレタリーは女性向けでないし、バスローブはサイズが合わない。ルームサービスを届けるのは大抵男性で、プライバシーの問題があるなど問題山積だった。

　他の不満は男女両方から上がってきた。ホテルに入ると利用客のネット環境が失われてしまうのだった。築年数が古いフルサービスの大型ホテルの多くは、インターネットとWiFi時代以前に建てられている。ホテルに到着するやいなやネット接続が途切れてしまったり、接続を維持する料金が高すぎたりした。

　また、利用客はヘルシーな朝食の注文や、日頃のエクササイズが実践できず、健康に気遣う日常習慣が中断された。「ひどいじゃないですか。ホテル宿泊前より宿泊後の方がお客様の体調が悪くなってしまうなんて！」とセメンチュクは言う。

　一部のハイアットホテルにとってドル箱事業であるビジネス・ミーティングの形態にすら不満が出た。機材がうまく機能しない、会場の設営が悪い。一般的に言って、ホテルでのミーティング経験そのものが時代遅れになりつつあった。「まるで、ちょっと目には1980年代のミーティングのようです」とセメンチュクが言う。

　ハイアットは顧客体験を別の方向からも検討した。毎日、現場の最前線に立つ社員からもインサイトを得ようとしたのだ。職階、役割、年齢、経験が異なる社員5〜10人で構成されるセッションが世界中で40回以上開催された。一つひとつのセッションは、例えばデジタル経験など個別テーマに焦点が当たっており、参加者は自由に意見を出しあった。

　セメンチュクは当時を思い出して言った。「簡単なチュートリアルを通じ、コンセプトやアイデアは黒板に書かれた単なる箇条書きではないということを伝えました。誰のために（対象顧客）？　そのニーズは何か（対象ニーズ）？　このコンセプトの特徴は何か？　最重要点を6つか7つ挙げるとすれば何

か？ そうした内容が盛り込まれたコンセプトこそが良いコンセプトです」。

セッションを組織したセメンチュクと経営陣は小テストを実施した。セッション参加者がアイデアを提案すると、提案者はそれにタイトルをつけて一枚の紙に概略を書くよう求められたのだ。セッションに参加しなかった人がその紙を見てすぐ「ああ、わかったよ」と言えるように書くことが求められた。

発見プロセスが終わりに近づく頃には、ハイアットには大小さまざまのアイデアとインサイトが数多く集まっていた。

アイデアには、ホテル利用者が部屋を選んでチェックインする方法から、デジタル・テクノロジーを活用して顧客の経験を改善する方法、人材配置の改善からルームサービスの質の改善まであった。アイデアには重複したものもあった。多くのアイデアは、改善提案であったが、極めて破壊的で革新的なものもあった。可能性のある機会をハイアットは手に入れたのだった。

アイデアは、グループ分けや取捨選択によって、管理可能な数にまで絞り込むことになるが、その後の絞り込みについては次章で見ていくことにする。

／**インサイトから行動へ**：発見のワークショップ

結果につながるインサイトを体系的に探す方法を示してきた。しかしインサイトは発見プロセスの出発点にすぎない。インサイトを行動に移すには、機会を社員と共有する必要がある。共有は見過ごされやすい側面だが、発見と同じくらい重要だ。どんな大型のイノベーション、新鮮なアイデアも、社内のマネージャーがその方向性を理解して推進しなければ頓挫する可能性が高い。

アップルがiPhoneを発売する10年近く前からノキアの開発チームはすでにスマートフォンの将来を予見していた。チームはすでにシングルボタンの上にタッチスクリーン式のカラーモニターが付いた電話機を開発していた。このデバイスはレストラン検索、ゲーム、ネットショッピングなどに使えた。

ノキアが開発した将来性ある製品はそれだけではなかった。1990年代の終わりには、ネットにワイヤレス接続できるタッチスクリーン付きタブレット型コンピューターが開発されていた。それは、2010年にアップルが発売したお化け商品iPadとあらゆる点で似ていた。だが、開発チームは経営陣の関心を惹きつけられず、インサイトを行動に移せなかった。

　高機能携帯電話分野の成功に酔い、自分たちは電話事業の成功方程式を完全にマスターしていると考えていたノキアの経営陣は、従来と大きく異なる方向のスマートフォンとデバイスの未来を示すインサイトをうまく活用できなかったのである。

　その結果、現在のノキアはかつての自分自身の単なる影となってしまった。一部社員が予見した未来にそっくりの現実が到来する中、同社は必死に生き残りの道を探っている。

　残念ながら、インサイトは昼食のメニューのようにお手軽なものではない。インサイトを市場での成功につなげるためには、経営陣のコミットメントと着実な実行が求められる。最終的には、今後注力すべき分野は全社に伝えられることになるが、まずは経営陣から始める必要がある。インサイトと部門間調整は相互補完的であり、両者が一体になって初めて発見は完全なものとなる。

　インサイトと社内の調整を一つにする方法は多くある。例えば、スティーブ・ジョブズのような卓越したリーダーは、それを自分の意志の力一つでやってしまう。だが、そんなビジネスの天才は滅多に現れない。凡才のわたしたちに助けとなるのはプロセスを前に進めるメカニズムだ。

　わたしたちの経験によれば、綿密に考えて運営された１〜２日のワークショップがこうしたメカニズムとなりうる。上述のインサイトの発見経路を通じて新たなアイデアと方向性が見つかったら、その後にはワークショップが開かれることが多い。もしくは、ワークショップ自体から発見が生まれることもある。

ワークショップは今やビジネス界の必需品となっている。頭をぼーっとさせるようなパワーポイントのプレゼンテーション、壁にベタベタ貼られた大量の紙、際限なく繰り返される激励の言葉。そうしたワークショップは参加者をうんざりさせることが多い。その気持ちもわかる。だが、正しく運営されたワークショップはイノベーションの促進とオペレーションの前進に極めて有用となりうる。

　ワークショップ参加者が新しい方向性を作るのに貢献し、自分たちの当事者意識を社内全体に伝えれば、ワークショップの成果はさざ波のように全社に広がるだろう。一言でいえば、ワークショップは選択と集中を開始する際の最も重要なツールといえるだろう。

　「発見のワークショップはプロセスを前に進めるのに効果的ですが、それだけではありません。方向性を定め、企業全体がどう変わっていくのかということを決めるのに極めて有効なのです」とクラフトのアジア太平洋地域の責任者でワークショップ経験が豊富なプラディープ・パントは語る。

　ユニリーバ、フォンテラ・ブランド、クラフトで過ごした30年間を通じ、サンジェイはこうしたワークショップのプロセスを練り上げ、一貫してそれを成功に導いてきた。最高の例は、不振に陥っていた国際市場業務を担うために2007年にクラフトに入社したときのものだ。

　サンジェイはまず世界中を旅して恒例の社内拠点訪問をやった。サンジェイはそれぞれの拠点で、地域の管理職に対して優先的な取り組みについて尋ねた。キャリア初期に自身が学んだ「5本の指ルール」を使い、彼はそのリストを片方の手で数えられるものにとどめさせた。

　そうやって数を限っても管理職ごとにリストはバラバラだった。このテストはクラフトが一つの方向に向かっているかどうかを判断するのに非常に役立った。結果的に、同社の方向性はまるで統率が取れていないことが明らかになった。

　クラフトには多くの優秀な社員がおり、価値あるブランドがあったが、あ

まりに肥大化し、権限の分散が進みすぎて、将来性あるアイデアは見失われていたり、薄まってしまったりしていた。

　国際舞台に積極的に打って出ようとしているのに、シカゴ郊外、イリノイ州ノースフィールドの本社から発信される決定事項があまりにも多く、ドイツや中国などの現地の消費者の声にはあまり耳が傾けられないでいた。全体としてあまりに多くの車輪が前進しないまま空回りしている状態だった。

　物事を前に進めるべく、サンジェイは世界6拠点で開催されたワークショップにクラフトの各地域のリーダーを集結させた。サンジェイはサプライヤー、コンサルタント、投資銀行家、消費者などから得た意見を取り込むことで、ワークショップを盛り上げた。

　ワークショップでは、サンジェイや社内幹部があらかじめコンセプトを作って掲げるようなことがないのも特徴的であった。ワークショップの目標はシンプルで、経営資源を注ぎ込める成長機会を探し、逆にうまくいっていないことがあれば止めるというものだった。

　「こうしたワークショップは社員に受け入れさせたい結果を得るために、事前に作り込んだりはされていませんでした」とジョージ・ゾグビは言う。彼はフォンテラとクラフト両社のワークショップに参加した経験があり、現在はクラフトの北米チーズ部門の責任者を務めている。「ワークショップはアイデアを整理し、重点領域に落とし込んでいくための場なのです」とは彼の弁である。

　ワークショップは、クラフト・ディベロッピング・マーケットが強化、開発していくべき市場として打ち出した5-10-10戦略、つまり5カテゴリー、10ブランド、10市場に集中していくという計画を作り上げる培養皿となった。

　一方、フォンテラでそれは、ポートフォリオの150ブランドを5つのパワーブランドに絞り込んでいく計画を練るのに活用された。

　こうしたワークショップのプロセスは企業全体だけでなく、個別部署に関しても大いに役立つということを強調したい。ワークショップのアプローチ

は、例えば納期を守れない製造部門など社内部署にも適用することができる。部署のレベルや規模は関係ない。また、業種に依らずスタートアップ企業は自社の本業の絞り込みに苦労しているため、こうした企業にとっても極めて効果的となりうる。

　だが、ワークショップは単にやればいいというものではない。そのような認識では、いとも簡単にダラダラした時間の無駄に陥り、先ほど述べたように参加者をうんざりさせてしまう。さもなくば、参加者が不満をぶちまける場や、毒々しい批判大会にもなりかねない。そうならないためには、ワークショップの全体的トーンは徹頭徹尾、前向きなものでなければならない。

　本筋から逸れずにワークショップを効果的に行うには、綿密な計画が必要だ。そのためのテクニックと原則を示す。いくつかはすでにお馴染みで当たり前のことだと思われるかもしれないが、実際にはその多くが見過ごされている。

明確なゴールを設定する：重要だが見過ごされやすい原則だ。ワークショップのゴール、目的は、全参加者にとって明確であるべきだ。

　以下に述べるように、ワークショップの途中では荒海を渡るような状況もあるだろうが、決して目的地を見失ってはいけない。ゴールは（例えば、「もっとイノベーティブになるにはどうしたらいいのか？」、「利益率はどう改善したらいいのか？」など）あまりにも漠然としていてもダメだし、一般論もダメだ。

　かといって、（例えば、「新製品を出し続けるにはどうしたらいい？」、「アルゼンチンで成長するにはどうすべきか？」など）あまりに戦術的でもいけない。

　良いゴールには、成功を全社的にスケールアップすることに焦点を当てているものが多い。例えば、「ポッタービル工場の効率性を他の工場で実現するにはどうすべきか？」など。また、絞り込みを狙ったゴールはうまくいくことが多い。「ウィジェット・ブランドで展開している３つの製品のどれに

最大の成長力があるか？」などである。

適材を参加させる：ワークショップには、関連する部署のリーダーが参加するべきだが、入社年次が浅い人材、つまり社内の昔ながらのやり方にそれほど慣れていない層も参加させることが重要だ。また、因習打破を訴える非主流派も参加させれば議論は活性化し、新鮮なアイデアが生まれる。意見の多様性は思考を活性化させる。新たな人々が紹介されれば新しい会話が生まれる。

つまり、スマートで能力ある社内人材はすべて一堂に集めること。中にはワークショップでもなければ永遠に一つの場所で意見交換する機会がない人々もいる。

適正規模で実施する：采配上手な1名のファシリテーターと20名以下の参加者で構成されるワークショップが一番うまくいく、ということが我々の経験からいえる。それが、さまざまな意見が得られ、いろいろな意見がありすぎて一部は聞き入れられないということが起きない適正規模である。

適切な長さに区切る：うまく作り込まれたワークショップでは、多くのことが消化され議論の対象となるから、簡単に数日間でも続けることができる。しかし時間は短く区切っておき、急を要するという雰囲気を醸し出したほうがいいだろう。参加者は婉曲な言い方を止めて問題の核心に切り込んでいくことに慣れなければならない。

ワークショップの開催期間は1日、話し合いの内容が特に複雑な場合でもせいぜい2日にしておいたほうがいい。

ボスには黙っていてもらう：ありがちなワークショップと根本的に違う本質的な点がこの点だ。全参加者は話し合いに参加するべきだが、リーダーは意見を言わず、目立たなくしていること。大切なのは、昔ながらのやり方や経

営陣の目下のお気に入りの取り組みなど気にせずに、自由に話し合うことだ。

地位の高い人物のボディランゲージすら、話の進行方向を歪め、最高の結果を出すのに必要な寛容さや開放性を阻害するおそれがある。

とはいえ、ボスには重要な役割があるのでワークショップには参加すべきである。ボスは耳を傾け、学ぶのだ。ボスは必要な場所では説明を加え、参加者が本筋から逸れたら軌道修正する。

網を広く張ってデータを集める：オーガナイザーは、ワークショップ前に十分時間の余裕を持って事業の現状とワークショップの目的に関連した役立ちそうなデータとレポートを収集しておくこと。こうした情報には、財務記録、製品、ブランド、市場、オペレーションに関する報告書、顧客と仕入先の調査結果、アナリストレポート、新規顧客情報などがある。社内外のベンチマーク情報は必須だ。

創造力を働かせよう。本社は見慣れた計測方法や昔ながらの尺度にしか目が行かないことが多い。こうした枠組みを打破して変えるべきだ。旅に出る、常識を疑うなど、他のインサイト発見経路を通じた情報も集められたら、それも含めるべきだ。

宿題をする：大騒ぎの最中にはこうした必須のルールも見過ごされてしまいがちだ。宿題となる参考文献は、ワークショップの参加者にあらかじめ時間の余裕をもって配布しておくこと。また、ワークショップの目的について簡単な説明も添えること。さらに、それを事前に読んでおくべきだということをオーガナイザーは参加者にはっきり告げておくといい。

参加者は準備万全の状態でワークショップに臨むべきだ。そうすれば、ワークショップは一堂に会した人々の知識と知性を活用するための時間となる。個々の参加者が簡単にデータを検討できるのに、ワークショップが単なる事実認識の共有に使われるとしたら、それは愚かしい時間の無駄だ。

宿題が果たすべき役割の重要性はどれだけ強調しても足りない。「全員が

同じ立場に立っていることが重要です。ありのままの事実、これが現実だということを、各自が理解していることが大切です。それによって初めて、それでは話し合おうじゃないか、となるのです」とジョージ・ゾグビは述べる。

きちんと準備がされたら、ワークショップの大半の問いに対する答えや前進するためのアイデアは、ほぼ確実にデータの中から見つかるか、あるいは参考資料の中から浮かび上がってくるものだ。

金鉱の発掘：どんな企業、たとえ業績が不振な企業にも、持続的成長の土台となる卓越した部分があるものだ。発見のワークショップは成功の種を探す機会だ。とりわけ、これまで見過ごされてきた種が大切である。これを「金鉱の発掘」と呼ぶ。

宝探しはまず事前にデータから学ぶことから始まる。

際立っているのは何か？

普通と違うのは何か？

何がベンチマークを上回っているか？

意外なことは？

大切なのは、隠れた成長機会を見つけだしてそれを掘り下げることで、他の場所でも同様の結果が生まれるようにすることだ。

こうした一連の行動を説明するフレーズがある。「見つけよう、瓶詰めしよう、拡げよう」である。このフレーズは本書の後半で何度も繰り返されるだろう。

カオスは友だち：これは理解されにくいポイントだ。合理的で規律の取れた、予定調和の議論に慣れたマネージャーたちは、カオスを経験するといともたやすく困惑し、途方に暮れてしまいがちだ。

ワークショップ前半のアイデア、思考、会話は多岐にわたり結論を急がないオープンエンド（制約のない自由な）のものであるべきだ。

自由連想的。雑然的。非論理的。「それは目的を持った組織化されたカオス、

とでも言えるかもしれません」とクラフトでワークショップを体験したことがあるカルロス・エイブラムズ＝リベラは言う。

大切なことは、参加者をある程度居心地が悪い状態にすることで、通常とは違った反応を起こすようにすることだ。ワークショップの部屋に入った時には考え付かなかったアイデアが生み出されるように。

「日常と違う考え方をするよう、わたしたちは参加者に仕掛けます。話したいならもっと話してごらん。いや、単に君の意見を聞いているのではない。どうしてそんな考え方をするのか、その根拠を示してほしい」という感じで。

ファシリテーターは新鮮な議論が生まれるよう仕組まれた質問を事前に準備しておくべきだ。ファシリテーターとリーダーは休み時間に協議し、必要とされる新鮮な思考がカオスから引き出されたかどうかを確認する。カオスの勢いが鈍ったら、リーダーは新たな挑発的な質問で、もう一度、場を引っ掻き回す必要がある。

有効と思われるテクニックは、参加者に将来を想像させることだ。例えば、地域事業を担当するマネージャーに、3年後を想像させ、ひどい経営数値だが、どうすると質問する。どんな反応を示すだろう。

こうした圧力を受けると大抵の場合、キャッシュフローを改善する、生産を効率化するなど、一般論的な答えが返ってくるだろう。そうしたら、もっと具体的に、と圧力をかけ続けること。大抵は、そうすることで初めて本当のアイデアが述べられるようになる。

「ダメ」は禁句：参加者に、論争になることや痛みを伴うことを話してもいいのだとわからせること。

クラフトは昔から「正直でオープンな会話に対する成熟度が低かった。争いは避けられがちで、人生は理屈では進まないとみんなわかっているのに、合理的なことを望んだり、物事を合理的に語ろうとしたりする傾向があった」とローナ・デイビスは指摘する。彼女の言葉によれば、そのワークショップでは「話し合えないことを話し合う」機会が参加者に与えられた。

会話は紋切り型を超えたものでなければならない。もしビジネスで競合他社のほうがうまくいっている面があれば、その理由を尋ねるべきだ。対立を煽れとは言わないが、ありのままの現実をめぐる思考と議論が促進されるべきだ。自社の事業が市場に追いついていないなら、キャッチアップのためにできる3つのことは何かと問うべきだ。

　ワークショップは、個人攻撃をする場所ではなく、また、される場所でもないということをあらかじめ周知しておくべきだ。ワークショップには名指しで批判されるべき人はいない。それは賢人が一堂に会し、問題について考え、答えを探る場なのだ。いかなる人も問題となることはなく、あらゆる人が解決策をもたらしうるというのがワークショップの前提だ。こうしたメッセージを何度でも繰り返そう。

思考を掘り下げる：数時間、自由にアイデアを募った後、ファシリテーターは話し合った内容の絞り込みを図る。この時点では、これまでの思考を掘り下げるような質問をするとよい。

　なぜ？　何を成功とするか定めたら、それがなぜ成功なのか参加者に理由を説明させること。自分たちは例外的に勝ったのだから、それは社内の他の部署が学べるものではないと人は主張しがちだ。この考えは間違っている。掘り下げさせること。

　類似点はどこか？　参加者にアイデアとサクセスストーリーの類似点を探させること。点と点をつなげ、パターンを見つけさせよう。大切なのは発掘可能な埋もれた強みを探し出し、それを他の場所に応用することだ。

　もう一つ重要なエクササイズは、参加者に持論を検証する方法を尋ねることである。それは実験できるか（ここでも実験室で行われているようなビジネスのコンセプトが登場する）。

　これは多くの社員にとって新しい考え方かもしれない。また、ここでも議論は四方八方に散って不毛なように見えるかもしれない。それでも話し合いを続けること。こうしたエクササイズを通じて企業の長期的な優位性につな

がる分析スキルが磨けるのだから。

うまくいっていないのは何か：ワークショップではあくまでポジティブな点が強調されるべきだが、うまくいっていないことを見つけることも必要だ。

どんな企業でも、取り組みは頓挫し、ブランドは衰退し、プロセスは硬直化する。そうやって企業は長い時間をかけて惰性による非生産的慣行に陥りがちだ。対象を非難することなく、愚痴っぽいセッションにも陥らず、失敗と目の前の道を塞ぐ障害について話し合えるなら、それは集中をもたらす原動力となる。

だが、うまくいかないことを無理に引き出そうとまではしないこと。そこにはワークショップの全体時間の3割以上を割かないことをお勧めする。このプロセスでも先ほどと同じような手法が取られるべきだ。なぜ問題が生じたかを尋ね、参加者全員に解決策を探させよう。ワークショップの参加者は互いの経験を参考にし、それを活かすようにするべきである。

例えば、クラフトのあるワークショップでは、参加者は時間をかけてドイツ・クラフトの問題について考えた。ドイツの現地マネジメントは内向き志向となり、本社の意向ばかり気にして窓の外の実際の顧客を見ていなかった。他の市場のリーダーたちのアドバイスによってクラフト・ドイツの経営陣は正しい道に戻ることができた。

スケジュール厳守：議論はいともたやすく決められた時間を超えて続いてしまう。時間厳守は難しいが重要なことだ。時間を守ることで自制心と集中力が生まれる。簡単には解決できない問題が生じたら、参加者は次のうちどれかを選ぶ。
- 今すぐ、なるべく具体的に整理する
- 問題に対処するためのアクションプランを計画する
- 横に置いておく —— 脇にやって別の機会に取り上げることにする

何より、どうしようもないことについての議論に時間を費やすのは止めよ

う。ヒンディー語には「カルナ・キャ・ヘイ？（さあ、これから何をする？）」という警句がある。

まとめ：ワークショップの最後の１時間程度はまとめに使おう。
　　今日、達成したことは何か？
　　どんな戦略的取り組みを見つけたのか？
　　次のステップは何か？
　　それをいつ実行するのか？
　「急いで取り掛かろうじゃないか」と「話し合おうじゃないか」のバランスは注意深く取られるべきだ。前者に傾けば、戦略より戦術を重視することにつながりかねない。一方、後者は漠然とした緩すぎる目標を残すことにつながりがちだ。
　全員が基本内容に合意して会場を出るべきであり、まとめはまさにその基本内容に対応したものであるべきだ。俗っぽい言い方をすれば、まとめは短い言葉で聞き手を納得させるような「エレベータースピーチ（短い営業トーク）」であるべきだ。もちろん、たとえエレベータースピーチでも、G.P.の「５本の指ルール」は守らなければならない。
　まとめは、社員がどの方向に向かうかを決定づける。それは、１日前後の話し合いの内容に対し参加者が合意したことを確認するものだ。そして、それはその後の展開のお膳立てもする。「ワークショップが終わり会場を出る頃には、誰もが同じ筋書きを理解していなければならない」とクラフト中南米責任者のギュスターボ・アベレンダは言う。
　クラフトにおける2007年のワークショップからは、さまざまなチームとリーダーを包含する明確な責任範囲、アクション項目、時間枠を伴った明確なプランが生まれた。その結論として述べられた基本内容のエレベータースピーチは次のようなものだった。
　「我々はあまりに多くをやろうとしている。今後３年から５年間の収益の主要部分に寄与する少数のカテゴリー、ブランド、市場に集中しよう。こう

した優先項目に資金、人材、専門性の経営資源を振り向ける必要がある。今回、作った優先項目の短いリストは今後１カ月かけて磨き上げていこう。資金、人材、専門性の経営資源を優先項目に振り向けるとともに、それ以外の事業を管理する計画を作ろう」。

このメッセージは実にシンプルで単刀直入だが、この段階で必要なのはまさにこうしたものだ。具体的な注力領域、戦略とアクションプランは、さらなる話し合いを重ねてから作られる。これは次なるステップとして次章以降で説明する。

具体的な行動に慌てて駆け込めば、それは一連の短期的戦術にしかならない。拙速は慎むのが賢明だ。この時点で重要なのは、全参加者がプロセスを了解し、当事者意識を持って解決策の探求に取り組むことだ。最終的な優先事項がいかなるものになろうとも、参加者に当事者意識と共に創るという意識が共有されていれば必ず効果的となる。

ワークショップの後、より小規模なチームが優先事項を磨き上げ、ワークショップの情報の要点を捉える。その後、チームはワークショップのグループとともに実行のロードマップを作成する作業に着手する。

家族感覚：あまりにエモーショナルに響くかもしれないが、家族感覚を作り出すことについて話そう。家族感覚とは、誰もが役割と責任を持ち、皆が参加しているという感覚のことだ。こうした目に見えない一体感は、まずワークショップの参加者から生まれて広がり、最終的に事業全体を一つの方向に向かわせる手助けをしてくれるだろう。

ワークショップ終了日の夜は、参加者による夕食会を開くことをお勧めする。夕食会のアジェンダは詰め込みすぎないようにし、参加者が日中の会話の続きをして卓上でアイデアを膨らませられるようにしよう。もしかしたら、そこで新たなアイデアが湧いてくるかもしれない。

とはいえ、そこは単なる社交の場ではない。あくまでポジティブなムードを保ち続ける夕食会は、優秀なマネージャーやベンチマークを上回った部署

を経営陣が選ぶ機会にもなる。

　人のモチベーションを高めるものの中で、もっとも強力なのは、いわゆるポジティブシェイム、つまり、自分以外に対して寄せられる称賛を見て、それに負けない評価を得たいと考える極めて人間的な感情のドライブである。ライバル同士の競争圧力と家族的一体感には繊細なバランスが必要だ。ちなみに、成功しているほとんどの企業の背後にはこの2つの方向の力学がはたらいている。

　発見の旅は、最初はインサイトからスタートするが、その後に行われるワークショップによってアイデアが行動に変えられる。インサイトが生まれる濃密なプロセスが、規律あるアイデア検討プロセス（発見ワークショップを通して行われる）と組み合わされることによって、変革による成長機会に向かって進むこととになる。

　次なるステップは、インサイトとワークショップで提案された潜在的な事業機会を合成して、いろいろなアイデアを組み合わせて、絞り込んで、最終的には磨き抜かれた戦略を形づくることである。

ステップ1 発見：
成長の源泉を探す

FIVE KEY TAKEAWAYS
5つのポイント

1 まずは、成長機会に転じる可能性のある顧客と市場のインサイトを得ることから始まる。

2 インサイトは偶然生まれることもあるが、単なる待ちの姿勢ではいけない。主要インサイト源を体系的に探ればそれが得られる可能性も高まる。

3 主要インサイト源には、意外性、トレンドの合流点、不満を解決、常識を疑う、両極端に注目、旅に出る、異業種からのアナロジーなどがある。

4 インサイトを成長機会に変えるには、発見ワークショップで人材を一堂に集め、インサイトにどんな成長機会が含まれているかを認識し、共通の理解を得ることが大切。

5 リーダーは発見をうながす促進剤として欠かせない役割を果たす。だが、あくまで脇役であり、発見プロセスを主導するのはチームだ。

第 **4** 章

戦略：
賭ける領域を決める

Discovery
Search for Growth

Strategy
Pick Your Bets

Metrics
Measure and Communicate Progress

Focus 7

Rallying Cry
Rouse the Troops

Organization
Align and Collaborate

Execution
Simplify and Delegate

People
Unleash Potential

2000年代初頭、マイケル・デルはモハンを招いて、自社の経営チーム相手にマーケティング戦略について話をしてほしいと頼んできた。

　チームとの会話の中で、数億ドルという同社の研究開発予算が、売り上げに占める割合はほんの数パーセントであり、マイクロソフト、ヒューレット・パッカード、インテルといったハイテク同業他社の研究開発費をはるかに下回っていることをモハンは口にした。

　マイケル・デルの反応は予想外のものだった。そんなに少ない研究開発予算から数百億ドルの売り上げを生んでいることを経営陣は誇らしく思っているとマイケル・デルは言った。なぜ、そんなことが可能なのだろう？

　「デルはまず何より、サプライチェーン企業だということ。我々は2つのことに注力している。1つは、注文に応じコンピューターを作ること。そしてもう1つは、中間業者を介さず顧客にそれを直販すること。我が社は革新的な製品を他社に先駆けて市場に投入して勝とうとはしていない。デルが勝てるのは、コスト効率の良い最強のサプライチェーンと流通チャネルを持っているからなんだ」。

　デルを製品イノベーターとして見るのは正しくない。サプライチェーンと流通チャネルというレンズを通して見ることで、同社の戦略は初めてくっきり焦点を結ぶようになる。これがレンズの力だ。レンズという言葉を、わたしたちはビジネスの特定の事業領域に言及する際に使う。企業はレンズを使うことで、さまざまな成長機会の評価が容易になり、成長戦略を絞り込むための事業領域を定義することができるのである。

　前章の発見プロセスの終わる段階で、企業には成長の原動力となりうるアイデアやコンセプトが幅広く集まっているだろう。次なる新たな課題は、こうした可能性を整理し、制御可能なテーマ群に変えていくことだ。

　換言すれば、発見は、ブレインストーミング、探索、常識からの決別、あらゆる方向からのアイデア収集など、どんどん**発散させていく**ことを意味するが、これを**収斂させる**のが次のステップといえる。将来性のある複数のアイデアを一緒にして、集中すべき成長に向けた少数の取り組みに変えるのだ。

そうすることで、重要なアイデア、優れたアイデアを、事業にもたらす影響と実施に際して求められる努力に応じて個別に分析できる。

収斂させる最高のメカニズムは、カギとなるいくつかのレンズを通じて成長機会を眺めることである。見晴らしの良いところから成長機会を眺めることで、角度を変えて成長機会を検討することが可能になる。良い点、悪い点を分離して個別に評価したり、成長機会同士の関連を浮き彫りにしたりすることもできる。成長機会を広い景色として眺めるのではなく、少数のレンズに絞り込むのである。

なぜ、それが極めて重要なのか。資金、人材、スキル、注力などの社内の経営資源を、絞られた取り組みに振り向けることができるようになるからだ。わたしたちはこのコンセプトを**経営資源の傾斜配分**と呼ぶ。

これは極めてシンプルな考え方だ。

不振を極めている領域、もしくはぎりぎりで何とか体裁を保っているような領域から経営資源を引き上げて、立て直そうなどというような過大な約束はしない。

行き詰まり感を覚えている道楽のような小物は捨てること。

利益を伴う成長の可能性が期待できる取り組みに、並外れた規模の経営資源を注ぎ込むこと。

プロセスをシンプルにし、コストを低く抑える方法を絶えず探ることで、利益を伴う成長を活性化させ前進させること。

段階的実行により投資と利益のバランスを保ち、粗利益率を常に健全な状態に保つこと。

経営資源の傾斜配分というコンセプトは第6章でさらに詳しく解説する。なぜ、経営資源の傾斜配分が（常に適正なコントロールを加えても）まるでうまくいかないように見えることがあるのか、特別な事例を紹介する。いずれにしても、この主張の背景にある考えは極めて常識的なこと、つまり、一番大きく勝てる可能性のあるところに力を注ぎ込めということだ。

収斂の議論に戻ろう。モハンとビジネススクールの同僚は過去数十年にわたり、企業はどう成長し、革新していくのかを考えてきた。こうした研究から、企業が成長機会の焦点を絞る際のカギとなる8つのレンズのリストが生まれた。ビジネスの事業領域を規定するこれら8つのレンズは、企業が革新し、成長していくための力を絞り込む際に用いられるチェックリストである。
　戦略のレンズをより深く掘り下げる前に、発見とレンズを通した絞り込みがハイアットホテルでどう展開していったかを見ていこう。
　ハイアットは、競合他社と差別化し市場シェアを上げる方法をどのようにして見つけたのか。前章では、ハイアットがとった実際のプロセスを用いて説明した。こうした発見プロセスによって、ハイアットは玉石混淆のさまざまなアイデアを集めることができた。
　次の課題は、たくさんのアイデアをグループにするか、取捨選択するかして、ある程度の管理可能な数の候補に絞り込むことである。事業にもたらす影響と求められる努力の程度がその際の評価軸である。レンズを通して見ることが分類のカギとなる。
　手始めにハイアットは、**顧客**というレンズを用いて事業領域を覗いてみた。発見プロセスで出てきたアイデアの中に、女性ビジネス顧客に関するものがあった。
　前章で見たように、プライバシーや安全からアメニティの質に至るまで、女性の利用客はホテル体験にさまざまな不満を述べていた。ハイアットが自社の成長機会を、女性のビジネス顧客セグメントというレンズで眺めると、「女性客に理想的なホテル」を作るというパワフルなテーマが浮かび上がってきた。このレンズによって、はっきりした焦点が提供され、さらなる成長機会の追求が可能になった。

　ハイアットが用いたもう一つのレンズは、ホテル探しから宿泊の後まで続く、すべての「決定的瞬間」における顧客体験の管理**プロセス**だった。例えば、発見のプロセスにおいて、顧客は自分だけに向けられたパーソナルなサー

ビスを喜ぶということがわかった。

　この事実は、フロントデスク担当者がやっているようなチェックリストに沿った質問攻めから顧客を解放し、到着した客の心を読むようにしたらどうだろうというアイデアにつながった。

　客は疲れているだろうか、不満を感じているだろうか、それとも打ち解けた様子か？　こうした顧客の状態を踏まえ、フロント担当者は状況に応じた接客をしたらどうだろう。

　また、スマートフォンとタブレットが普及した現代の趨勢を踏まえ、テクノロジーを活用して顧客の要望を先取りし、パーソナルで快適な体験を生み出す「デジタル顧客体験」という観点のアイデアも生まれた。

　例えば、スマホでルームサービスを注文できるようにしたらどうだろう？　また、スマホアプリによるオンライン・チェックインはどうか？　それが実現すれば顧客はホテルの社員とやりとりせずに部屋にチェックインできる。

　「ホテルはどこも同じ」というコモディティの海から抜け出し、ハイアットを再活性化するためにマーク・ホプラマジアンCEOが始めた取り組みはまだ初期段階にあるが、すでに、いわゆる実験ホテルと呼ばれる世界にいくつか存在している施設で具体的な取り組みが実施されている。

　こうした取り組みは、どこかの時点でそのインパクト、すなわち収益にもたらす影響と、プロジェクトを全社に拡大するのにかかる努力の程度という尺度で評価される必要があるだろう。

　「そのコンセプトを実行したとしたら、それを全社で集中していく領域に設定したとしたら、どんな影響力があるかを検討するためのフィルターを考えました」とハイアットのジェフ・セメンチュクは言い、具体例を挙げた。

　「例えば、シングルルームを利用する女性ビジネス客向けのサービスの拡充と、ホテルで開催されるミーティングへ参加する男女両方の利用客向けのサービスの拡充では、どちらの見返りが大きいだろうか」。

戦略の8つのレンズ

　デルは流通チャネルとサプライチェーンのプロセスというレンズを通して眺め、自社の事業を絞り込んだ。ハイアットは顧客セグメントと顧客体験のプロセスというレンズを通じて眺め、自社の成長機会を絞り込んだ。

　では、一般に企業が検討に使えるレンズにはどんなものがあるだろうか？　あらゆる成長機会をグループ化して、体系的に評価されることを可能にするような完全なレンズのリストはあるだろうか？　答えはイエスだ。

　戦略のレンズのリストを理解するには基本に戻ろう。ビジネスとは何だろうか？　第1章で見たとおり、ビジネスとは価値ある**何か**を**何らかの方法**で作り出し、それを**どこか**で**誰か**に売ることだ。ビジネスには、何を（What）、誰に（Who）、どこで（Where）、どうやって（How）という事業領域を定める4つの基本的な軸がある。本書ではこうした事業領域の軸に、さらに2つずつサブ的な軸を定める。

WHAT：企業が作り出し、提供するもののこと。WHATの下には提供物とブランドという2つのサブ的な事業領域の軸がある。例えば、プロクター・アンド・ギャンブルには、オーラルケアのクレストというブランドがある。このブランドは歯磨き粉、歯ブラシ、ホワイトニングストリップスなどの製品に使われている。

WHO：企業の製品の販売先のこと。この事業領域の軸には顧客とパートナーが含まれる。マイクロソフトの顧客は大企業、中小企業、消費者であり、パートナーは各種システム・インテグレーター、販売店、独立系ソフトウェア・ベンダーなどである。

WHERE：企業が展開する地域市場、および、それにリーチするのに使われるチャネルのこと。例えば、マイクロソフトは世界100以上の地域市場に

図表4-1 ▶ **8つの戦略レンズ**

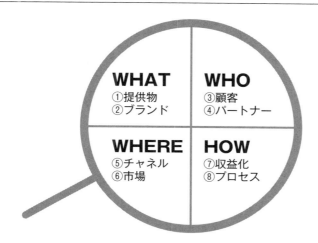

子会社を持ち、付加価値再販業者（VAR）、直販部隊、小売業者、オンラインなどさまざまな流通チャネルがある。

HOW：企業が事業展開に用いるプロセスと収益化のメカニズムのこと。プロセスには、顧客、社員、財務、IT、オペレーションなどを管理する社内システムが含まれる。収益を生み出すメカニズムには、製品の販売、広告、定額課金収入、または、より最近のイノベーションである（無料バージョンのサービスを提供し、有料バージョンへのアップグレードに顧客を誘う）「フリーミアム」モデルなどがある。

　これら8つの事業領域の軸を「レンズ」として使うことで、企業は成長機会に焦点を当てることができる。ビジネスの基本を構成する4つのカテゴリーと8つのレンズをまとめたのが**図表4-1**だ。これらのレンズを、成長とイノベーションの戦略を絞り込むツールとしてどうやって使うのか見ていこう。

提供物：企業は何らかの価値あるものを作り、市場に提供する。それは、製品（例えば、冷蔵庫やシャンプー）のこともあれば、サービス（例えば、物流サービス、経営コンサルティング）、派生製品とサービスをその上で構築できるプラットフォーム（例えば、アンドロイドのプラットフォームやアマゾンのウェブサービスのプラットフォーム）のこともあり、ソリューション（例えば、ホーム・デポのキッチン改装ソリューションやデュポンの保護・防御ソリューション）の場合もある。

NPOやNGOが提供するものは、より抽象的な場合がある。例えば、FBI（米国連邦捜査局）は「国家の安全」を提供し、シカゴ市の公立学校は「教育」を提供している。

多くの大企業は数百や数千程度の製品を提供することが多いため、提供物は戦略を絞り込むレンズとしてよく使われる。桁違いの売り上げ成長と利益成長のポテンシャルを持っている提提物は一握りにすぎない。発見プロセスで、企業が競合他社に勝って成長していけるような提供物が示されれば、それは戦略を絞り込むロジカルな土台となる。

例えば、巨大ドラッグストア・チェーンのウォルグリーンは、食品、化粧品から、写真用消耗品まで幅広い製品を取り扱っているが、その大半は処方箋に基づいて処方薬を買う顧客の気を引くためだけに在庫されている製品だ。処方薬が同社の売り上げの6割以上を占め、それが利益に占める割合はさらに大きくなる。

米国で処方されるすべての薬の5つに1つがウォルグリーンで処方される。ウォルグリーンが市場で勝って成長していく計画を立案する場合は、提供物、具体的には処方薬が成長戦略を策定するレンズの一つとなる。

ブランド：企業にとって最も価値ある資産に自社ブランドがある。ブランドは顧客の頭と心の中に生きる無形資産だ。また一部の企業にとって、ブランドは製品ラインの拡大やブランド傘下の事業拡大を可能にする強力な成長エンジンでもある。

消費財を手がける企業は自社ブランドと生死を共にする。サービス企業、そして多くのハイテク企業も同様である。最も重要なのは**魂のこもったブランド**を作ることだ。換言すれば、感性的な絆をもたらし、数世代にわたって変わらない、シンプルな消費者インサイトに基づいて構築することだ。

　熱血漢のリチャード・ブランソンが創業した企業、ヴァージン・グループを見てみよう。ヴァージンは携帯電話、金融サービスから音楽、宇宙旅行まで、さまざまな産業にまたがる緩やかな企業連合だ。こうした連合をつなぎとめる接着剤となるのがブランドだ。

　顧客経験におけるイノベーション、価値、楽しみ、卓越を重視する。提供物というレンズで見ると、バージンは焦点が定まっていないように見える。手がける製品、サービス、産業があらゆる分野にまたがっているからだ。もちろん、同社にもポートフォリオを絞り込む機会はあるかもしれない。だが、ブランドというレンズで眺めれば同社に一貫性があるのは明らかだ。ヴァージンにとってブランドは成長とイノベーションのカギとなるプラットフォームである。バージンにおいて大切になるのは、ブランドというレンズだ。

顧客：企業が成長のための取り組みを絞り込む上では顧客も重要なレンズとなりうる。顧客は、人口動態的要素（ベビーブーマー、女性など）、規模的要素（小規模企業、中堅企業市場、大企業など）、役割軸（ITプロフェッショナル、営業担当者など）、行動や動機（DIY愛好者、通勤者、リスク回避型顧客など）などの市場細分化（セグメンテーション）変数で定義できる。自社の顧客とそのニーズを新たな観点から検討することは強力な成長エンジンとなりうる。

　売り上げ、顧客満足度のいずれで見ても米国で最も大きな成功を収めているレンタカー会社であるエンタープライズ・レンタカー社を見てみよう。1957年に創業した同社は、自家用車の代車ニーズという顧客の問題にひたすら特化してきた。こうしたニーズはさまざまな原因から生まれる。例えば、自家用車が修理中だとか、事故に遭ったとか、特定の行事や機会に自家用車

がふさわしくないなど。同社はこうした需要に特化し、全米津々浦々に5,500の営業所を開設し、「ご近所のレンタカー会社」というポジションを作り上げた。

空港で車を貸す従来のビジネス用またはレジャー用レンタカー市場で熾烈な競争を繰り広げる同業他社を尻目に、同社は代車用レンタカーを必要とする顧客の市場で圧倒的なシェアを得ている。興味深いことに、代車用レンタカーのセグメントはレンタカーの最大市場でもなく、収益性が最も高いわけでもない。それは競合他社の参入準備が十分に整っていない市場なのだ。

パートナー：どんな企業も孤島の状態では存在してはいない。まして、すべてがつながりネットワーク化した今日の世界においてに、である。調達、納品のため、そして製品に付加価値を与えるために企業が作り出す提携や協働の関係は、成長と競争優位性の追求におけるパワフルなレンズとなりうる。

パートナーは、生産能力、技術、顧客、市場などを利用することを容易にしてくれる。一社で不可能なことを実現する助けとなるのである。パートナーというレンズが特に重要となってくるのは、顧客を獲得したいスタートアップ企業や、開発者の創造性という潜在力を活用して主力製品に付加価値をつけたいハイテク企業だ。

休暇を楽しむ旅行客が対話型の地図上を介して旅行を計画、予約し、その内容をシェアできるワンストップ・ソリューションを開発したジオラマというスタートアップ企業にモハンは助言をしていた。

ジオラマのミッションは、仕事の出張と比べてスケジュールが緩く組まれた休暇旅行をユーザーが計画するのをサポートし、ユーザーにとっての予約の手間を軽減することだった。ジオラマのソリューションは革新的だったが、ジオラマには自社のオンライン旅行ソリューションを数百万人の旅行者に提案して売り込むだけの資金も時間もなかった。ジオラマが成長できるかどうかは、すでに数千万人の顧客を抱えている旅行会社やオンライン旅行代理店と提携する力にかかっていた。

ヒルトンホテルは最近、ジオラマと契約を結び、ヒルトンのウェブサイト上で自社の顧客にジオラマの旅行プランニング・サービスを提供することになった。旅行会社は顧客に付加価値を提供することで、顧客の休暇旅行から得られる収入を増やせる一方、ジオラマは自力で獲得せずに済む数百万人の顧客にソリューションを売り込めるのだから、これはウィンウィンのパートナーシップだ。

チャネル：流通チャネルとは、企業が製品を市場に送り出す経路のことだ。チャネルには、オンライン、小売、卸、付加価値再販業者、仲介業者、キオスク、携帯端末チャネルなどがある。チャネルは企業が製品を市場に届ける革新的な方法を見つける取り組みを絞り込むためのパワフルなレンズとなりうる。とりわけ、新興国市場で、チャネルはイノベーションと成長の可能性を秘めた分野である。

イタリアのコーヒー製造業者イリーカフェが、米国事業を成長させるためにどのように特定のチャネルに集中したかを見ていこう。

それまで、イリーは高級スーパーマーケットとホテルを通じて全米でコーヒーを販売していた。2008年、同社は独立系飲食店およびコーヒーショップと販売契約を結ぶことでリーチを広げ始めた。それは、自前の販売店を構築、展開することなく顧客にコーヒーを届けようとする取り組みだった。

イリーは「アルティスティ・デル・グスト（味覚のアーティスト）」と呼ばれるプログラムを立ち上げた。同社は独立系コーヒーショップにイタリア製エスプレッソ・マシーン、コーヒーカップ、レシピを提供し、その店で働く社員を訓練する。提携コーヒーショップはイリーカフェの店として認定され、その代わりイリーのみをお客様に提供することに同意する。

ありきたりなコーヒーの代わりに、赤く輝くイリーのロゴ入りの白い磁器カップでプレミアムなイリーコーヒーを出せば、独立系のコーヒーショップはコーヒーの単価を上げ、利幅を高めることができる。

市場：世界各地の市場の競争環境、顧客ニーズ、規制、流通の課題はさまざまだ。例えば、新興国市場と先進国市場では、まず顧客とインフラが異なっている。集中すべき分野を探索していると、ある市場では戦う準備が十分整っているのに対し、他の市場ではまるで整っていないことを思い知らされることがある。大切なのは自社に合った市場を適切に選ぶことだ。

例えば、モハンが2002年以降、関わっているITサービス企業のバーワン・サイバーテックは市場を湾岸諸国＆中東市場に絞り込んだ。それらの国の多くは君主国で、GDPの大半を石油と天然ガスで生み出していた。これらの国では意思決定をする政府のキーパーソンと緊密な関係を持つことが必要だった。こうした地域に集中することで、同社は提供する製品、顧客との関係、そして、総合的な市場開発戦略に磨きをかけることができた。

収益化：結局のところ、その日に何がしかの価値を生んだということだけでは企業経営としては十分とは言えない。企業は株主や社員のためにも価値を生み出さないといけないのだ。企業はそれを、いわゆる収益化（マネタイゼーション、もしくは、広義のビジネスモデル、または価値獲得）のメカニズムを通じて行う。

収益化のメカニズムとは、簡単にいえば、どうやって金を稼ぐかということだ。グーグルはその収益の大半を検索エンジンの広告から上げている。ヒューレット・パッカードは長年、プリンター用インクで収益を上げていた。ビジネス書の作者は、本の販売収入でなく講演とコンサルティングによって稼ぐ。

ここ数年、収益化のメカニズムは成長とイノベーションのためのパワフルなレンズになってきた。ビジネス・プロセス・アウトソーシング（BPO）と事業変革に関するサービス提供企業で、2005年以降、モハンが取締役を務めるEXLサービスのケースを見てみよう。

EXLはかつて、費やした時間とコストに基づいて顧客に課金していた。顧客はフルタイム相当単位で設定された、業界の隠語では「シート」と呼ば

れるフィーを同社に支払う。この収益化メカニズムの問題は、サービスの効率性が上がれば上がるほど、同一の業務のシート数が減るため売り上げが減ってしまうことだった。

EXLは取引プライシングと呼ばれる新たな収益化メカニズムを創出し、それに基づいて顧客から定額のフィーを徴収するようにした。顧客は請求される金額が予測できるようになったことを評価し、EXLは効率性向上という経済的利益の恩恵を享受できるようになった。

この新たな収益化メカニズムは、イノベーションに向けての強力なインセンティブをもたらすことになった。取引プライシングはEXLにとって収益成長に向けて集中的に取り組むテーマとなった。現在、同社の顧客からの収入の4割以上がこの新しい収益化メカニズムによってもたらされている。

プロセス：ビジネス・プロセスとは社内で業務が行われる方法のことだ。こうしたプロセスは、思いつくだけでも、顧客管理、サプライチェーン、人事などさまざまな機能と組織に拡がっている。とりわけ複雑でコストのかかるオペレーションを抱える企業では、プロセスは集中的に成長とイノベーションを探索するための強力なレンズとなりうる。

トヨタ自動車の高級車部門のレクサスの事例は、製品購入から所有に至るプロセスで顧客の経験をどのように管理したらよいか、そのポイントを示している。

レクサスは1989年、高級車市場に参入する際に単にいいクルマを作る以上のことをやっているのである。レクサスを購入してから保有する全期間で享受するサービスやメンテナンスに関して、従来のレベルと比較にならないくらいの高い顧客経験価値を作り上げたのだ。

レクサスは魅力ある販売店組織を新たに構築し、ハイレベルのサービスを提供できるようディーラーの従業員教育を実施したほか、顧客に代車やレッカーなどの路上支援サービスも提供した。販売店にはレクサスのオーナーにシャンパン付きブランチを提供するところすらあった。顧客経験のプロセス

というレンズで購入者を眺めることで、レクサスは発売のスタート時点から高級車のトップブランドになった。

今日、ライバルのメルセデス・ベンツ、BMWなどが、レクサスによって市場にもたらされたプロセスのイノベーションを一部模倣している。

要約すると、8つのレンズはどれも成長機会に焦点を当てる方法を教えてくれるということ。企業は自社を取り巻く環境に照らし合わせて、どのレンズ（複数レンズのこともある）が一番適しているかを検討する必要がある。さまざまなレンズを試し、それによってどんな成長機会に焦点が当たるかを実験していただきたい。

再び、クラフトの例

2007年初頭、クラフト・ディベロッピング・マーケットは、発見のフェーズで将来性ある複数のテーマを見つけていた。ワークショップの参加者全員にとって、いくつかのことが明らかになっていた。

例えば、粉末飲料のタンというブランドは、問題があるものの巨大な将来性を秘めていた。その理由の一つは、クラフトは過去数十年間、ブランドをうまく育てた経験があり、（粉末のサイズ、フレーバー、加工処理など）粉末飲料の製造技術で大きな優位性を持っていたからだ。司社はブラジルをはじめとして、いくつかの国で、世界レベルの販売・流通システムを備えた強固なブランド・ポートフォリオを発展させてきた。

一方、ワークショップで出されたそれ以外の結論は、より曖昧だった。大きな将来性はあるものの、これまで長年にわたり冴えない結果しか得られなかったインド市場をどうすれはいいだろうか？

サンジェイが率いる小規模な経営陣のグループは数週間にわたり定期的に会合を開き、ワークショップで得られた材料をもとに総括した。

何に真のポテンシャルがあるのか、そして何をそのままにしておけばよい

のか？

　どのアイデアとどのアイデアを一緒にして磨き上げればよいのか？

　さらなる調査が必要なのはどのアイデアか？

　この時はちょうど、廃止、省略、修正が必要な既存の取り組みやプロセスを明らかにすべき時期でもあった。

　例えば、ポテトチップスなどからなる塩味スナック事業は北欧諸国で苦戦していた。果たしてこれらについては、戦い続ける必要はあるのか？　北欧の塩味スナック事業はまもなく譲渡された。

　発見のプロセスと同様、チームは投資銀行家、コンサルタント、サプライヤー、広告代理店など、過去数年間にクラフトと関わってきた6〜7人の外部関係者の意見を聞いて活用した。その後、数回の会合を経て、経営陣グループは潜在力のある成長機会に関するリストを作った。リストは、さらなるフィードバックを得るためワークショップ参加者に回覧された。経営陣チームは次の段階に進む準備をするため、このリストを磨き上げた。

　次の段階は、製品カテゴリー、チャネル、新しいテクノロジーなどのレンズを通じて成長機会を検討し、秘められた可能性に光を当てることだった。例えば、技術的観点で見た場合、粉末飲料事業の最新鋭技術をスケールアップしていくことは果たして可能だろうか？

　最終的に、チームは提供物（カテゴリー）、ブランド、市場という3つのレンズを使うことに決めた。消費財メーカーにとって、これ以外の選択はほぼありえないとはいえ、他のレンズでも眺める練習をしたことで、成長機会をはっきりと見つけることができた。

　また、チームは数字も決めた。四方八方に広がるオペレーションから、5つのカテゴリー、10のブランド、10の市場を選ぶことにしたのだ。これらの数字の選定に魔法が使われたわけではない。こうした数字は、絞り込むという目的を踏まえ、小規模で、認識しやすいという理由で選ばれた。

　次にやるべきことは、これらのレンズから眺め、残すべき製品と市場を見つけることだった。

図表4-2 ▶ **3つのM**

Momentum（モメンタム）
Margin（マージン）
Materiality（マテリアリティ）

　レンズはビジネスの一側面に光を当て、大きな賭けにつながる道筋を示す。とはいえ、レンズを覗いてみると、複数の成長機会が輝いて見えるかもしれない。その場合、マテリアリティ（＝売り上げの可能性／規模性）、マージン（＝利益の可能性／収益性）、モメンタム（＝勝てる可能性／優位性）の**3つのM**を基準にして優先順位を付けるとよい（**図表4-2**）。
　この**3つのM**からなる評価基準は、成長機会を評価する際に問う必要のある3つを明らかにすることでもある。
　「それは本当に存在するか？（マテリアリティ）」
　「やってみる甲斐があるか？（マージン）」
　「我々は勝てるのか？（モメンタム）」
　アイデアを**3つのM**のスクリーンでふるい分ければ、最大の機会はどこにあるのか、一番、大きく儲けられるのはどこか、一番、勝てそうなのはどこかということを経営陣は見極められる。
　最終的にやるべきなのは、資源配分にメリハリをつけること、つまりポテンシャルが大きい領域に経営資源を振り向けることを忘れないでほしい。現段階の目標はそうした領域を定めることだ。
　ここでも、リサーチ（市場調査）と議論はしっかり行われるべきだ。
　ポテンシャルがもたらす成果の大きさはどのくらいか？
　どんな時間枠で実現するのだろうか？
　その取り組みに注がれるべき経営資源は何か？

これらの答えを決めるにはビジネスごとに独自の基準があるだろう。大切なことは、オープンに徹底的に話し合うことだ。

　提供物のカテゴリーというレンズを通じて眺める際に、5つの優先カテゴリーにチョコレートおよび／またはチーズを入れるべきか、クラフト・ディベロッピング・マーケットの経営陣は激しく議論した。分析は3つのMの評価に基づいて行われた。まずは、チョコレートの議論である。

1. **モメンタム**：肯定的な要素として、クラフトは、欧州では主に超大型ブランド「ミルカ」を主力に事業展開し、ブラジルでは「ラクタ」を通じて展開していることが挙げられる。またチョコレートに関しては、すでに優先カテゴリーに分類されていたクッキー（ビスケット）事業と相乗効果があることもよい点である。一方、否定的な要素も極めて大きかった。まず、実績に地域差があった。新興国市場での参入実績も十分ではなかった。これから参入することはできたが、結果を出すには大きな努力と時間が必要であった。さらに、経営陣の多くが、健康に特化したほうが機会は増えるのではないか、チョコレートはむしろ健康に悪い習慣なのではと考えていた。おまけにチョコレートの参入障壁は比較的低く、ほぼ誰でもゲームに参入できたのである。クラフトは一体、何によって差別化できるだろうか？

2. **マージン**：チョコレートの既存事業の利益率は高くないが、ポートフォリオをもっとシンプルにすること、そして、イノベーションやコスト削減により比較的容易に利益率改善が可能であることが分析で明らかになった。

3. **マテリアリティ**：チョコレートはお菓子として好まれており、おそらく、ダントツに人気の高いお菓子として承認されている地域も世界にはあ

る。そういった意味で、潜在力は大きいかもしれない。だがその一方で、大きな成長が期待される新興国市場でのチョコレートの浸透率はそれほど高いというわけではない。

　この分析では、クラフトは果たしてチョコレートのカテゴリーで儲けることができるのか、そしてライバルに勝つことができるのかということが問題だった。サンジェイは当時を「ぎりぎりの決断だった」と回想する。どちらに転んでもおかしくなかった。「7つのフォーカス」で重要なのは意思決定、それも迅速な意思決定だった。

　3つのMの分析の結果、チョコレートは十分大きな成功のポテンシャルがあり、優先カテゴリーに選んでも良いと判断された。この選択は後に報われることになった。それについては本書後半で見ていこう。

　経営陣チームはチーズでも同様の検討を行った。

1. **モメンタム**：クラフトのマカロニ＆チーズは長年、米国の主力ブランドとして君臨してきた。一貫して人気商品だったという事実から、チーズは別格だと経営陣は主張した。それほどこのブランドは強かった。反面、チーズは大半のアジア諸国の食生活では非日常的な食材だった。課題は、消費者をチーズ好きにする食育が可能かということである。おそらく可能だが時間がかかるだろう。

2. **マージン**：チーズの利益率はどの地域もはかばかしくない。

3. **マテリアリティ**：北米のチーズ事業の成功に近いアップサイドが望めれば、クラフトは大儲けできるだろう。だが、アジアの消費者の味覚を変えなければならないことを考えれば、こうしたアップサイドに届くのは難しいかもしれない。消費者の味覚を変えるにはどのくらい時

間がかかるだろうか？

　ここでも議論は活発だった。決定のカギとなったのはモメンタム、そして、実現にどれほど時間と努力が必要か、だった。たしかに、クラフトはマカロニ＆チーズをアジア市場で売り出すことはできる。しかし、消費者はチーズの食べ方やチーズを使ったレシピに関して学習しなければならない。それにはコストがかかるし、成功するまでに何年もかかる可能性がある。最終的にクラフトは高収益事業を築けるかもしれないが、極めて長い時間と多大なコストという支出を要するだろう。

　クラフトの経営陣は、モメンタムの基準に基づき、当面のあいだチーズを優先カテゴリーのリストから外すと決めた。これは、同社にとって難しい選択であり、意見が割れた。なぜなら、クラフトは1世紀以上前にチーズによって創業した会社であり、アメリカの消費者の多くは今も同社をスライスチーズやマカロニ＆チーズを作る会社だと考えているからだった（ちなみにクラフトは、チーズが食材として確立しているオーストラリアなどの一部市場には投資するという現実的な方策を採った）。

　同様の**3つのM**分析を通じ、クラフトの経営陣は最終的に10の優先市場の一つにウクライナを選んだ。ウクライナのオペレーションは規模が大きく、順調に成長していた。また、ウクライナ事業はそれを含む地域の事業を拡大させる跳躍台となると考えられた。

　一方、インドは優先市場のリストから外れた。これは多くの人を驚かせる決定だった。厳しい選択を求めるのが絞り込みの本質だ。インド事業はあまりに多くの車輪が回り過ぎていて事業が四方八方に分散し、十分なモメンタムが得られていなかった。

　こうしてインド事業は優先市場から外されたが、その代わり、新しいチームが結成され、チームはインド市場を新しい目で見直し、儲かるビジネスモデルが作れそうな分野に限り投資が検討されることになった。後にクラフト

はキャドバリーを買収したことでインド市場に十分に大きなプレゼンスを確立することができ、その後インドは優先市場になった。

レンズによる絞り込みの後、**3つのM**分析を実施した事例をもう一つ見てみよう。

サンジェイがクラフトに入社する前に在籍していたニュージーランドの乳業メーカーであるフォンテラ・ブランドには、アンリーンという将来有望なブランドがあった。アンリーンは骨を形成し強度を保つカルシウム強化製品群を展開していた。

医学的知識の提供というレンズでこのブランドを眺めると、同社の経営チームの目にそれは際立って見えた。医療専門家による骨粗鬆症への注目度がますます高まるなか、アンリーンが持つ知識基盤と技術は競合品との差別化の大きなポイントとなっていた。にもかかわらず、アンリーンは不振だった。わずか1つか2つの国で成功した以外、消費者に人気が出なかったのだ。

一方、パートナーのレンズで眺めると、アンリーンがプレゼンスを確立した地域には、現地の医療関係組織との提携関係があることがわかった。

アンリーンの**3つのM**は次のようなものだった。

1. **モメンタム**：プラスの点は、フォンテラにはアンリーンを通じて健全な骨について世界規模の専門知識があること、骨粗鬆症市場は巨大なこと。一方、多くの国でのさまざまな努力にもかかわらず、世界的に見てアンリーンは人気を博するまでに至っていなかった。

2. **マージン**：基盤が確立できた地域での利益率は良好であった。

3. **マテリアリティ**：アンリーン製品は競合品と比べ技術面で優位性があり、極めて大きな成功の可能性があった。反面、オペレーションは小規模の状態が続いていた。

こうした状況の検討を経て、フォンテラの経営陣は骨粗鬆症撲滅のための戦いを通してアンリーンを販売促進するということに賭けてみることにした。取り組みは小さく始めることにした。まず製品発表会で周囲の感触をテストし、その結果が将来性を見込めるものであるならば、活動を拡大していくという方針を決めた。

　GEヘルスケアの骨密度測定技術との提携と骨粗鬆症関連団体との協力関係を通じて、フォンテラは骨密度測定の「アンリーン骨ヘルスチェック」を立ち上げた。このコンセプトはアジア全域のイベントでテストされ、骨密度測定サービスは最終的にはアジア９カ国の数百万人にまで広がった。アンリーンは大きな成功を収め、収益も持続的に伸長している。

　これらすべての例で最も重要なのは時間だ。サンジェイは2007年１月にクラフトに入社し、クラフト・ディベロッピング・マーケットはその年の５月には「５-10-10フォーカス戦略」を発表した。リーダーは、選択をしなければならないのであるが、その多くの場合、完全な情報がなく、何の確信もない状況である。さらに言うと選択は迅速でなければならない。

　戦略の８割くらいが正しいと思ったら前進すること。数カ月、または数年の歳月をかければ９割くらい正しいものにすることができるだろうが（100%正しい戦略は誰にも作れない）、それにより時間や、おそらく成長機会も失われてしまっているだろう。

　いくつかの成長機会から一つを選ぶ場合も、明らかに抜きん出た機会や完全に正しい答えは見つからないかもしれない。現実にはいくつか正解がある、いや、より正確には、行動すれば成功するかもしれない複数の正解があるということである。

　そこで大切なのは、進むべき方向性を速やかに決め、それを中心に活動を調整し、その方向性をぶれずに維持することが成功のカギである。これから話すように、この段階の次の重点は実行である。

　レンズを通じて絞り込み、優先事項を決めるというこのステップが終わる頃には、チームは各レンズを通じて得られた複数の成長機会について合意に

達しているはずだ。これらの成長機会は1枚以内のシンプルな予備プランとしてまとめ、さらに磨き上げるため主要関係者に回覧しよう。

　すばやく動くこと。だが、必要とあらば、プランが社内を何度も行き来することも許容しよう。全員がその内容に合意し、自分にも方向性の決定に果たすべき役割があるという感覚を持てるようにするべきだろう。

　これで、選び抜かれた少数の取り組みに経営資源を注ぎ込む戦略が出来上がった。いま、あなたは全社にそれを広める準備ができている。

ステップ2 **戦略：**
賭ける領域を決める

FIVE KEY TAKEAWAYS
5つのポイント

1 どの成長機会を追求すべきか？ それを決めるためには、いろいろなレンズを通して成長の風景を見なければならない。成長の風景とはビジネスを定義する事業領域である。

2 成長機会の分析に使える8つのレンズとは、提供物、ブランド、顧客、パートナー、チャネル、市場、収益化、プロセスである。

3 最も高い将来性のある成長機会に焦点が合うレンズを選ぶ。

4 レンズを通じて明らかになった成長機会は、モメンタム、マージン、マテリアリティのいわゆる**3つのM**の基準で評価する。

5 戦略の選定に関しては、完璧を目指すべきではない。内容がほぼ固まった段階で速やかに動き、実行に移すこと。

第 **5** 章

奮起：
社員をやる気にさせる

Discovery
Search for Growth

Strategy
Pick Your Bets

Metrics
Measure and Communicate Progress

Focus 7

Rallying Cry
Rouse the Troops

Organization
Align and Collaborate

Execution
Simplify and Delegate

People
Unleash Potential

机の上に鉄粉をこぼしてしまったとしよう。鉄粉は四方八方に散らばるだろう。だが、その上を強力な磁石を通せば、鉄粉は整然と一列に並ぶだろう。強力なスローガンは社内で同様の効果を持つ。社員を上から下まで事業の戦略方向に沿って整列させることができる。

「7つのフォーカス」に基づいて戦略方向を定めたリーダーは、シンプルだが心に訴える言葉で計画を伝えていく必要がある。これがスローガンである。それは、フレーズ、数、略語、シンボル、イメージなどさまざまな形をとりうる。これから取り上げる例の一つでは、スローガンは「色」に見事に体現されていた。

良いスローガンは複数の仕事を達成してくれる。何を強調するかは状況によってさまざまだろう。後の例に見られるように、ある種のスローガンは新しく決められたビジネス上の優先順位を社員の心に叩き込みたいという状況にピッタリする。

また、方向性やブランドの見方を変えたいとき、社員の感情を惹きつけるのに最高に役立つスローガンもある。そうなりたいという思いとゴールを鼓舞するようなスローガンもある。(往々にして大企業で必要とされるが) 社員の行動に経営陣が大きな指針を示すのに適したスローガンもある。

いずれにしても、メッセージは基本に基づいたもので、パワフルで、全社的にその意味が伝わるものでなければならない。シンプル過ぎるスローガンなどないのだ！

このステップを、戦略と行動をつなぐものとして考えよう。あなたは、どちらかといえば抽象的で雲の上にいるような企画立案の段階から、実行という地に足のついた具体的な現実に降りてきているのだ。そこでは、戦略をより具体的で、実質的で、行動しやすいものにするためのエネルギー源が必要だ。

スローガンは、社員がやるべきことにつながっていなければならない。それは成長戦略を前進させるために、社員全員が自分の役割を理解できるようにするものであり、役員室と現場の最前線をつなぐものである。

スローガンが発表される頃には、社内の主要なプレーヤーには戦略の概要が理解されていなければならない。リーダーやマネージャーに質問してみよう。勝つために自社がどんな絞り込みをしたかを彼らは語れるはずだ。こうした知識がなければ、戦略やゴールは、役員室から遠く離れれば離れるほど薄まって散逸してしまう。経営陣は企業と社員を一つの方向にきちんと整列させなければならない。そこでスローガンの出番となる。

　適切なメッセージを見つけてそれを組織に広めていくには、気遣いと洞察力が必要だが、それに数カ月や数年もかけてはいけない。「7つのフォーカス」の他の要素と同様、ここでもスピードが命だ。可能性を探索し、意思決定して、スローガンを社内全体にインスピレーションを与えるような忘れがたい強烈なイベントで打ち出していく。

　スローガンは必ずしも全社に適用されるような重くて大きいものである必要はない。スローガンの対象は一部署や一部門だけのこともある。その場合、スローガンはそこに所属するスタッフのみに適用される。後述するように、これと逆の極みの例として、スローガンは外部に向けた広告キャンペーンの一環となることもある。

　いずれの場合も、メッセージには一貫性がなければならないし、メッセージは、あらゆる接点で強調されるべきだ。カンファレンス、社内刊行物、コーヒーカップ、Tシャツ、看板など、社内のあらゆる場所で、あらゆる機会にリーダーはスローガンを繰り返すべきだ。社員が至るところでスローガンを思い出せるようにしなければならない。

　スローガンとマーケティング用のフワフワしたコピーが同じようなものではいけない。スローガンには戦略との直接のつながりが求められる。そして、それはリーダーたちに支持されていなければならない。

　もう一つ重要なのが継続性だ。スローガンが毎年変わるようではいけないし、経営陣が社内をテコ入れするたびに変わるようでもいけない。複数の戦略を積み上げ過ぎる企業があまりにも多い。それは混乱と注意散漫につながるだけだ。メッセージは何年も同じであるべきだ。社員が戦略を吸収し、独

自の魔力を発揮し始めるには時間が必要だ。スローガンの掛け声とともに、絞り込まれた戦略は実行に移される。

本書では経験に基づく5種類のスローガンを特定した。これらのスローガンには、数を強調する（enumerate）、想起させる（evoke）、心を動かす（emote）、高みに引き上げる（elevate）、説明する（explain）といったさまざまな効果がある。

サンジェイが在籍した3社とモハンがコンサルティングした2社の例を取り上げ、それが過去10年あまりに、これらの企業でどう発展していったかを見ていこう。

数を強調する（enumerate）スローガン

重要な情報を広めることは基本的なことであるが、必要不可欠なステップである。最もシンプルな事例の一つであるが、2007年の春、クラフト・ディベロッピング・マーケットはちょうどそのような情報を広める必要のある状況の只中にいた。

先述の通り、当時クラフトは「7つのフォーカス」の初期の二段階、つまり発見と戦略の段階を終了したところだった。それは、中心となるリーダーたちが絞り込む分野を考え出し、一つの方向性を共有する段階だった。彼らは5つのカテゴリー、10のブランド、10の市場を対象とする計画に合意し、勝てるカテゴリー、ブランド、市場を選んでいた。

この時点で、発見と戦略の段階を共に経験した数名のリーダーとサンジェイは小チームを組成した。広く共有されなければならないため、チームは、戦略をできるだけ簡潔に言い表すことができるスローガンを探した。それがあれば合意された枠組みの中で全社員が戦略の実現に向けて行動ができるようになる。

チームはいわゆる「絞り込みを通じて勝つ」戦略を説明する1枚の文書を作った。そこでは、大きくメリハリをつけて経営資源を投入するべき5つの

カテゴリー、10のパワーブランド、10の市場が明示されていた。新しいスローガンは「5-10-10」となった。実に基本的である。

次のステップは、社内に波及していくような、インパクトの強いプログラムを立ち上げ、全員がメッセージを理解できるようにすることだった。どんな大企業にも独自の企業文化があり、情報を作り上げて広めていく独自のやり方がある。

当時のサンジェイのチームは、「5-10-10」を本社から打ち出される他の多くの戦略的な取り組みと同じやり方で発表したくないと考えた。プレゼンテーションの振り付けは細かくアレンジする必要があった。

そんな中、2007年5月のある晩、クラフト・ディベロッピング・マーケットの100人のトップ・リーダーたちはシカゴの当時のシアーズタワー（今日、同じ建物はウィリスタワーと呼ばれている）の99階に集められた。会合は午後5時に始まり、ゲストにはカクテルが配られた。会場には晴々しい空気が漂っていた。

イベントは表彰から始まった。クラフト・ディベロッピング・マーケットは数年にわたる低迷が続いていたが、世の中の多くの例に違わず、領域を限れば成功する事業もあった。さまざまな人物と部署が選ばれ、その功績が讃えられた。多くの歓声と拍手が起きた。勝ち組の空気を醸し出すことが経営陣の思惑だった。人はどんなときも明るい環境におかれたほうが物事を受け入れやすいからだ。

表彰式が終わると15分の休憩時間に入ったが、そこでも高潮したムードが続いた。休憩時間の後に続いたのはサンジェイのスピーチだった。会場にいた人々の多くが過去数カ月間の発見ワークショップに参加していた。グループ一丸となって作り上げた戦略がこれからまとめられようとしている、それは、意見の出し合いと話し合いの成果だ、とサンジェイは強調した。

リーダーたちは事業を集中させることに合意し、そこに到達するための戦略は「5-10-10」という数に集約された。今後は実行に向けて前進し、メリハリのある経営資源の配分と、優先分野への絞り込みのロードマップを作成

する。絞り込み戦略は地域と国のレベルで適用され、ローカル・レベルでは明確なアクションプランと詳細な役割が描かれることになるとサンジェイは説明した。

「5-10-10」のスローガンと選ばれたカテゴリー、ブランド、市場が記されたラミネートカードが会場のすべてのテーブルに置かれていた。カードは1人1枚ずつ用意してあった。イベントはわずか1時間足らずで終わった。

各国の責任者はスローガンを社員に広めるため自国に戻り、「絞り込んで勝つ」という新戦略を現場で実行しはじめた。リーダーたちは、ローカル・マネージャーが計画を説明するのに使うガイドを作成した。こうしたガイドもまた1枚にまとめられていた。

その後の100日間、各国が戦略を実行していく個別のロードマップが作られた。このプロセスもまた、共同で作り、主要関係者を一つの方向性に向かわせるものだった。ロードマップでは現場での現実的な実行に重きが置かれたため、進捗を管理するための指標も付け加えられていた。1時間の会合でスローガンは発表されたが、数年にわたり「5-10-10」というメッセージは保持された。

想起させる（evoke）スローガン

前の例と比べてこのタイプのスローガンはより精妙だ。だが、それは実に効果的で、面白さすら感じられる。紅茶の販売で世界一であるユニリーバのリプトン部門の経験からこれを見ていこう。

ユニリーバのお茶をベースとした飲料部門では、毎年、約100人のトップ・リーダーが年次会議に集って、ビジネスの現状と今後の戦略について話し合っていた。1999年のリプトンからの報告は良いものだった。リプトンはユニリーバの飲料ポートフォリオで最大の事業だった。売り上げは好調でイノベーションのパイプラインは充実していた。

だが、長期的に未解決の問題があった。リプトン事業は世界中に分散して

おり、地域横断的で行われるべきオペレーションの連携は乏しく、リプトンというブランドの潜在力を十分に活用できないでいた。

その年の2月、ユニリーバはロンドンから60マイル北西の風光明媚な草原地帯ベッドフォードシャーにある豪奢な18世紀の大邸宅コルウォース・ハウスでリプトンティー・カンファレンスを開催した。ユニリーバは、半世紀以上保有しているこの大邸宅を研究施設の中核として使っている。

開催の状況や場所柄から、この時の会議でも、ユニリーバにおける同様のミーティングの時のように真面目で深刻な空気が漂っていた。紅茶について語り合うべく集まったユニリーバとリプトンの管理職たちを迎えた威風堂々としたコルウォースは、着くなり彼らに衝撃を与えた。建物前の芝生が一面、明るい黄色に光り輝いていたのだ。芝生は染料で黄色く染められていた。何者かがメッセージを送っていたのだ。

実際のところ、芝生は早朝から作業員がスプレーを吹きつけたものだった。雨が多いことで有名なイングランドだが、カンファレンスを開催したユニリーバの飲料チームのリーダーたちは、どうかカンファレンスのあいだだけは降りませんようにと天に祈っていた。

幸い、カンファレンスは雨にやられずに済んだ。彼らは「世界をリプトンで黄色く塗ろう」というリプトンティー国際部門の売上急成長のスローガンを深く参加者の心に刻むことができた。

黄色い芝生は、新しい戦略の実行に大きな力になった。

第3章では、発見のプロセスで、どのようにしてポルトガルとサウジアラビアにおけるリプトンの持続的な成功にスポットライトが当てられたかということについて議論した。両市場では、リプトンは全飲料が含まれる広い飲料市場で競争するポジションを選択していた。ポルトガルとサウジアラビアのチームはいずれもリプトンの伝統的なパッケージカラーである黄色を活用し、自社が既存の紅茶市場だけでなく、広い市場で戦っていることを示していた。

ポルトガルのチームは、ポルトガルの海岸に黄色いビーチパラソル、黄色

いビキニの女性、黄色いカップに注がれた飲み物を映し出したイメージ広告などを推進していた。一方、サウジアラビアのチームは、すべてを黄色く塗ったカジュアルなリプトンティーショップを創設、運営していた。

　これら2つの国の経営チームは互いに示し合わせることなく、「色には訴求力がある」というパワフルな心理学的事実を活用していた。黄色は太陽、生命力、幸福、楽観主義を表す。そこからはさまざまな連想が可能だ。リプトンはあなたの生活に明るさをもたらします。元気がないとき、リプトンを飲めば元気が出ます。興奮したときには落ち着きがもたらされます、など。黄色というカラーには、頭と心を一緒につかんで離さない特有のオーラがある。

　ポルトガルとサウジアラビアの事業を見てきたユニリーバの経営チームは、リプトンの新戦略を明確に理解した。リプトンティーを単なる紅茶としてではなく、楽しく健康的な経験に不可欠なモノとして売るということである。こうしたアプローチにより、紅茶の主な効能を活用しつつ、その枠にとらわれず飲料市場で展開できるようになる。コーヒーやコーラと違い、リプトンティーは生命力や健康とつながっている。こうした戦略により、リプトンはポルトガルとサウジアラビアの成功を他の地域に拡大できるようになった。

　次にリプトンが必要としたのは、こうした戦略を象徴し、新しい方向性をすぐに想起させるようなスローガンだった。誰の心にも黄色という色が浮かんだ。ほどなく、ユニリーバの経営チームは「世界をリプトンで黄色く塗ろう」というスローガンをひねり出した。

　このリプトンティーの年次カンファレンス開催を取り仕切る立場にあったのが当時、ユニリーバの世界の飲料カテゴリーのトップだったサンジェイだった。サンジェイとそのチームは、この新たな取り組みを打ち出すのにコルウォース・ハウスのイベントを活用しようと決めた。

　カンファレンスに出席する上級管理職の参加者たちは、世界中から集められた無味乾燥な報告書の束を渡されることに慣れきっていた。そうした中、明るい黄色の芝生は、何か新しいことが社内に起きていることを雄弁かつ明

快に語るものとなった。

　人々の反応を引き起こし、心に長く残る理解を得たいと望む人にとって、一枚の絵は千の言葉に匹敵するということわざほど的を射たものはない。紅茶を新たな見方で見るという体験を社員が心に深く刻みこみ、それを創造していく仕事に取り組んで欲しいとリプトンは望んだ。物事が漠然として抽象的な場合には言葉の表現だけでは足りず、ビジュアル表現がはるかに大きなインパクトをもたらす。だから黄色の芝生を用いたのだ。

　リプトンのリーダーたちは、ポルトガルとサウジアラビアから学んだ教訓を体系化した。リプトンでサンジェイと長年一緒に働いた（そして、後にサンジェイを追ってクラフトに入社した）フィル・チャップマンは、リプトンティーがより広い飲料カテゴリーに移行したことは、ブランドのSOB（share of bladder：膀胱占有率）[2]の拡大を狙ったものだったと印象的な言葉で表現している。

　ポルトガルとサウジアラビア以外のリプトンのオペレーションは、ロードマップを実行に移すように求められた。ベストプラクティスが広まるよう、社内広報は成功やインサイトを強調した。そうやって、リプトンは世界の社員コミュニティを団結させて盛り上げるのに黄色というカラーを広め続けた。これこそが、「見つけよう、瓶詰めしよう、拡げよう」の素晴らしい例といえるだろう。

　また、リプトンの経営陣は社内で起きつつある変化を強調するため、２つの他のビジュアル・シグナルを変革のメッセージを伝えるのに活用した。クラシック、貴族的、控えめなど、古いリプトンを象徴するイメージにはオードリー・ヘップバーンの写真が使われた。一方、新しいビジネスには、明るく、太陽のようで、生命力に溢れたキャメロン・ディアスの写真が使われた。

　カンファレンスの後の数年間、「世界を黄色く塗ろう」は大成功を収めたリプトンのマーケティング＆ビジネス・プログラムのバックボーンとなり、

2　Share of Market（SOM）ならぬ、リプトンティーを今まで以上にたくさん飲んでもらうことで、消費者の膀胱内の尿がリプトンティー由来のものである率を上げるという一種のしゃれ（訳者注）

紅茶事業の成長を大幅に加速させた。伝統的にコーヒーを好むフランスのような国でもリプトンは大成功を収めた。

心を動かす（emote）スローガン

サンジェイはクラフトへの入社前にフォンテラ・ブランドにいた。フォンテラが抱えていた問題はまた別種のものだった。そこでは、利害関係者を結びつけて、考え方がばらばらで怒りっぽい人々を団結させていくことが求められていた。そのための一番の方法は感情に訴えることだった。

フォンテラはニュージーランドの酪農家が所有する協同組合で、長い年月をかけて数百の小規模の協同組合や企業が合併して発展してきた。同社は世界最大の乳製品輸出業者であると自認している。

サンジェイは2004年8月、コンシューマー＆フードサービス事業のマネージング・ディレクターとして入社した。フォンテラの発見と戦略のステップが、骨の健康ブランドであるアンリーンの成功にどうつながったかについては、すでに述べた通りである。

この2つのステップを通じて同社は100以上あったブランドを絞り込んで5つのグループに分類し、さまざまな市場をいくつかの重点市場に絞り込み、フードサービスなどの流通チャネルを優先的に活用することにした。だが、フォンテラ・ブランドは発見のプロセスで自社が抱える問題も見つけた。大組織のフォンテラは事業が広がりすぎた結果、縦割り組織と化しており、団結力に乏しかった。戦略や目標はあちらこちらに分散していた。

さらに、フォンテラの株主である酪農家は誇り高く独立心が強い人々だった。彼らは自分の仕事の価値を強く信じており、自分たちの作る乳製品は数百万の人々の健康の土台だと考えていた。「フォンテラの株主の酪農家を切ったら血でなくミルクが流れる」といわれるほどだった。こうした酪農業者のプライドを背景に、健康な生活ということに関しては、消費者をはるかに先んじるほどフォンテラの関心は強かった。

フォンテラは、こうした要素を統合できるスローガン、それは単なる言葉やロジック以上のものを必要としていた。求められていたのは、新しい戦略を伝えるだけでなく、社員とつながり、そして顧客とも感情的に一つになれるスローガンだった。

　フォンテラは自社の方向性を象徴するイメージとフレーズのポートフォリオを集めた。数カ月後、経営陣は「いのちのための乳製品」というスローガンを作り上げた。このフレーズは、株主である酪農家のプライドと、自然食品を重視する同社の姿勢という2つの重複するテーマをよく捉えていた。また、それは理性と感情のど真ん中の絶妙な点を突くものだった。

　バラバラだったフォンテラのこれまでの組織を踏まえ、新しいスローガンはシンプルに打ち出され、小さな本社イベントの後で社内に段階的に導入された。自然色のソフトな青と緑で描かれたスローガンは、レターヘッド、看板、名刺などに徐々に登場し、すべてのビジュアルのタッチポイントにはこの色のスローガンが少しずつ使われるようになった。

　こうした統一には実用的側面もあり、新しいコミュニケーション・マテリアルが全社で導入されるとコスト抑制効果も上がった。

　リプトンとフォンテラのいずれの例でも経営陣は目標設定をしようとはせず、それは後から自然についてくるものとなった。スローガンにより経営陣はブランドに対する新しい感情と感覚を伝えていこうとした。魂のあるブランドを作ろうとしたのだ。

　もちろん、それは扱いにくい領域ではある。スローガンは多くを語らずともわかるものでなければならない。それがもしあまりにぼんやりした抽象的で一般的な表現なら、誰にも理解できないだろう。

　日本語には人々が分かち合う認知空間、共通の認知の土壌を表す「場」という言葉がある。共通の場がどのようなものかをはっきり示せなくても、関係者は誰もが暗黙のうちにそれが示すところを理解する。これが、リプトンとフォンテラが、「世界を黄色く塗ろう」や「いのちのための乳製品」によって実現したスローガンの質だった。

彼らは数値目標や予算以上の何かを呼び起こすことを望んだ。仕事は単に仕事だからやるのではない。それは天から与えられたミッションなのだと社員や株主の酪農家に思わせることを望んだのだ。

魂のあるブランドはパッケージされた単なる商品を超えた何かだ。それは機能性と強力な感情のつながりが一体化したものであり、入念に育てれば、それは数世代にわたり生き続ける。

高みに引き上げる（elevate）スローガン

ときに、企業は社員が大局的に物事を考え、大志を抱いて欲しいと考える。こうした場合のスローガンは一般に目標の形をとる。

モハンはオマーンに拠点を置く非上場のITサービス企業で、湾岸諸国、インド、米国で展開するバーワン・サイバーテック（BCT）の取締役を務めている。1999年に創業した同社は順調に成長し、2011年の年商は約1億ドルだった。「7つのフォーカス」のうち戦略のステージを経た経営陣は、石油＆天然ガス、金融サービス、エネルギー＆ユーティリティ、政府の主要4市場への絞り込みを決めていた。

ところが、2011年、経営チームが一堂に会したところ、漸進主義がオペレーションに忍び寄っていることに気づいた。成長は続いていたが、スピードは鈍化していた。1億ドル企業にありがちなスピードになっていたのだ。

すべては「そうしたい」と望むことから始まる。今も昔も、同社では社員が百万ドルの契約を受注すると、それは大型受注だと考えていた。社員は千万ドルの契約を取ろうなどとは考えもしなかった。だが、もしBCTが年商10億ドルの企業になりたかったら、上から下まで社員は一つの考えを共有する必要があった。一言でいえば、大きいものが欲しければ、大きく考えなければならないのだ。

こうしてBCTの経営チームはやる気を高めるスローガンを探した。膝を付き合わせて話すことで、モハンと経営チームは「5×5（5 by 5）」とい

うスローガンを考え出した。最初の5は、売り上げを1億ドルの5倍の5億ドルにすることを意味し、次の5は（2011年から2016年までの）5年を意味した。つまり、このスローガンは2016年までに年商5億ドルを達成し、自社をほぼ5倍の規模に成長させることを意味した。実際、ずいぶんな難題ではないか！

現行ビジネスを着実かつ直線的に成長させるだけではこの目標が達成できないことは明らかだった。このスローガンが「これがターゲットなら、それを達成するのに一体、何が必要だろう？」と問うことで、言うなれば「結果から逆向きに考えて」どの社員も仕事をするようになった。そのためには、頑張って働き、次世代製品を作る人たちを新しく雇うことが必要だった。小さな契約を捨てて、もっと野心的な契約を狙い、（もちろんフォーカスされた戦略の枠組み内で）今より大きく考えることが必要だった。

S・ダーガプラサードCEOは、こうしたスローガンは同社に強力な効果をもたらしたと言う。

「我々は『5×5』を各部署、各子会社のやるべき内容にまで落とし込みました。上級管理職チームのメンバーは行動開始の命を受け、この野心的な目標を達成するための自らの役割について計画を策定しました。2016年までに達成すべきこうした明確なビジョンが存在しなければあり得なかったような一体性とエネルギーが社内にあります」。

BCTは「少しずつ成長すればいい」という漸進主義の罠に嵌らず、2013〜14年度に1.6億ドルの売り上げを計上した。同社が「5×5」の目標を達成できる保証はない。だが、こうした目標なしには、これまでやり遂げたレベルにまで到達することはできなかっただろう。

説明する（explain）スローガン

ときとして、企業は社員にやるべきことや振る舞い方について明確な一連のガイドラインを与える必要がある。これはとりわけ、比較的経験の浅い多

くの人員を抱えたサービス系の大企業に当てはまる。リーダーは、スローガンで定められた基準がオフィスの小部屋、コールセンター、チェックアウトカウンター、そして、社員が顧客と接点を持つあらゆる場所に徐々に波及するというトリクルダウン効果を狙う。

　説明によるスローガンを最もよく示す例がマクドナルドだ。そのスローガンは、レイ・クロックがマクドナルドの全米展開を始めた時から半世紀以上にわたり存在し続けている。それは、「QSC＆V──クオリティ、サービス、清潔、バリュー」という。

　同社の社史の中で、この略語はクロックが定めた諸基準を見事に要約しており、全店舗に適用されて、細かい検査と格付け制度を通して強化されてきたということが明記されている。

　洗面所は清潔か？

　注文は決められた時間内にデリバリーされているか？

　食べ物は温かいか？

　さらに、この文字と言葉が指し示す内容をマクドナルドの従業員は全員反復学習する。

　もちろん、このマクドナルドのスローガンは「7つのフォーカス」誕生のはるか前に導入されている。だが、同社のストーリーは「7つのフォーカス」の要素のいくつかを先取りしている。まず、第一号店舗を開店したディックとマックのマクドナルド兄弟は、はやい段階で絞り込みによってメニューの数を減らしているが、成功にとって最も重要なのはスピーディーなサービスだと認識したからである。

　カリフォルニア州サンバーナーディーノにある兄弟のレストランがレイ・クロックの関心を引いた。レイ・クロックはフランチャイズによって、そこにある品質とスタイルがしっかり守られれば、レストランの成功をスケールアップできると判断した。ここで「QSC＆V」が登場した。

　創業時に役立ったクロックの基準は、今日、あらゆる場所で拡大を続ける巨大なオペレーションの快進撃に不可欠な要素となっている。マクドナルド

は119カ国で3万4,000店舗以上を展開し、180万人を雇用している。これらの働き手の多くはマクドナルドで働くのが初めてで、就業経験もほとんどないことが多い。離職率は高い。

　スローガンは、こうした膨大な数の従業員を一つの方向に向かわせるものでなければならないし、フランチャイジー、料理人からドライブスルーの注文を捌く店員までを含めて全員にこのような基準を植え付けるものでなければならない。

　クロックが「QSC＆V」を導入して半世紀以上が経過した今日も、マクドナルドはこのスローガンを全店舗の新しい従業員とオペレーターの研修の基本要素と位置付けている。スローガンやその基本内容は、絶えず社内広報やマクドナルドのクルーが映ったポスター上で強化されている。通りかかったマクドナルドの店員に「QSC＆V」について尋ねてみよう。どんな店員もその定義を教えてくれるだろう。

　説明するスローガンは、とりわけ多くの社員が顧客と直接、接触する大企業で有効だ。これには、2006年創業、2013年までに市場シェアで国内一位となったインドの格安航空会社インディゴの例が好例となる。

　同社は一貫して黒字経営だったが、それは過去数年のインドの航空業界では極めて珍しかった。スピリット航空同様、インディゴはひたすら低コストのニッチに特化することで成功した。こうした絞り込みは同社のビジョンを一言で表現したスローガンである「定刻、低コスト、スムーズな対応」（類似のいくつかのバリエーション）にまとめられ全社に広められた。

　インディゴのチームはこのスローガンが意味するところをよく知っている。それは安全でシンプルで、合理的で、無駄がなくトラブルの起きないプロセスとルールのことであり、それにより、常にお手頃価格、ずば抜けてスムーズ、途切れなくかつ正確で、妙な小細工なしの顧客体験が可能になるのだ。

　最近利用した、ニューデリーからバンガロールまでのインディゴのフライトの機内で、サンジェイはスローガンの力を試すためフライトアテンダントに質問してみた。聞かれたフライトアテンダントはこの3つのポイントを正

確に述べることができた。

ウチとソトを結びつける

　スローガンは社員にやる気を与えることから始まるが、その後は社外に伝えられなければならない。スローガンは、水に小石を落としたら無限に広がっていくさざ波のようなものと考えるといい。その影響は社員から企業のパートナーやチャネルへと広がり、最終的には世界中の顧客に広がっていかなければならない。

　フォンテラの場合、社内のスローガンは最終的にそっくり社外マーケティングにつながった。たしかに、バーワン・サイバーテックのスローガンである「5×5」はマーケティング・スローガンへの転用が難しいかもしれない。だが、社内のメッセージは現状のオペレーションを今以上に広く大きな性質を帯びたものにし、その結果、既存顧客や潜在顧客による企業の見方が変わるようなものでなければならない。

　クラフトの「5-10-10」は消費者の関心を少数の厳選されたブランドに向かせ、それらの評判を高めるのに貢献した。「QSC & V」はマクドナルドでハンバーガーを買うすべての人にとってのメリットにつながり、同社の競争力向上につながったはずだ。

　大事なことは、顧客と関わりを持つあらゆる接点に対してスローガンをどうつなげていくかだ。そもそも顧客がいなければあなたのビジネスは成り立たないのだから。

一点に留まる

　これまで、研修、メッセージ、社内イベント、看板などで、経営リーダーがスローガンというアイデアをどう社内組織に広めていくかについて、いくつかの例を見てきた。だが、ここでスローガンが果たすべき役割をもう一度

強調しておきたい。それは戦略を体現するという役割だ。リーダーやマネージャーにとって、スローガンは指針であり、揺らぐことのない基準点である。

あらゆる重要な意思決定はスローガンと論理的な連関がなければならない。それには規律に加え、絶えず「このステップは戦略全体とどうつながっているか？」と問いかけることが必要だ。

数年前、モハンはスターバックスが自社の目的と方向性を全社員に浸透させるために取っている行動について生きた事例を経験した。2000年代前半、スターバックスはあらゆる場所に浸透するブランドになるという野心を原動力に、空前の成長の渦中にあった。スターバックスはあらゆる街角、食料品店、空港、オフィスビルに拡大中のように見えた。

こうした「どこでもスターバックス」は、単なる抽象論にとどまらず、その戦略は最前線の平社員にまで浸透していた。ある日、モハンがケロッグ経営大学院のマーケティング部門の備品室をうろついていたら、スターバックスの社員がコーヒーマシンを設置しているのに出会った。

その男性は、スターバックスが無料でそれを設置しているのだと言った。マーケティング部門にコーヒー豆を売れば、それで元が取れるからと。「あなたはオフィスから出ないでもスターバックスコーヒーを入手できますよ」と言うのである。

それを聞いてモハンは考え始めた。階段を降りて建物内のカフェテリアまで行けば、スターバックスのコーヒーが買える。その場合、2ドル近くを払うことになる。もし、もう少しデラックスなコーヒーが飲みたければ、通りの反対側のスターバックスカフェの店舗に赴き、カフェラテのグランデに3.25ドル払ってもいい。それで、モハンはスターバックスのマシンを設置しているその男性に尋ねてみた。「一杯分のコーヒー豆で、一体いくら儲かるんですか？」。

「ここだと、だいたい18セントくらいです」と男は言った。

モハンはすかさず言った。「そんな馬鹿な。なぜ、2ドルや3.25ドルも稼げるのに18セントで共喰い状態になるようなことをするの？」。

第5章　奮起：社員をやる気にさせる

男がたじろぐことはなかった。「ちなみに、あなたはコーヒーを一週間に何杯、飲みますか？　そのうち、階段を降りたり、通りを渡ったりせず、備品室のコーヒーで急いで済ませてしまう頻度はどれくらいでしょう？」。

一週間にだいたい5～10杯のコーヒーを飲むが、そのうち半分は時間が勿体ないので備品室のコーヒーで済ませているとモハンは言った。

スターバックスの男は辛抱強く説明した。「ここで急いでコーヒーを飲むのは、それが『便利』だからですよね。そして、カフェテリアに行くのは、『コーヒーブレーク』を取りたいからですよね。それで、友達とスターバックスに行くのは、『付き合い』だからですよね。これら3つは別々の消費行動です。共喰いにはなりません！　スターバックスはお客様の『胃袋』に100％のシェアが欲しいのです」。

こうして経営学教授のサンジェイは、基本戦略が企業の社内に浸透する力について生々しい教訓を学んだ。スターバックスでは、CEOからバリスタ、コーヒーマシンの設置担当者までが、自社の戦略を理解し、それをはっきり口に出して述べて計画を実行に移すことができるのだ。

こうしたフォーカスができていれば、経営陣は人材とアイデアに賢明な賭けをするというビジネスに本気で取り組むことができる。

ステップ3 奮起：
社員をやる気にさせる

FIVE KEY TAKEAWAYS
５つのポイント

1 戦略はリーダーによって定義されるかもしれない。でも実行するのは社員だ。戦略を行動に変えるには、戦略をわかりやすく説明して社員を動かすスローガンが必要だ。

2 スローガンは、フレーズ、色、数、略語、シンボルなど、組織の全員が戦略をいきいきと実行できるような、シンプルで鮮やかなものがいい。

3 スローガンは、説明し、数を強調し、心を動かし、想起させ、高みに引き上げるという、しばしば重複する５つの目的に役立つ。

4 スローガンは、業務部門から全社にいたる社内のあらゆる階層に適応可能である。

5 スローガンを作るのに時間をかけ過ぎないこと。一度作られたスローガンはなるべく長く使い続けること。

第 **6** 章

人材：
可能性を発揮させる

Discovery
Search for Growth

Strategy
Pick Your Bets

Rallying Cry
Rouse the Troops

People
Unleash Potential

Execution
Simplify and Delegate

Organization
Align and Collaborate

Metrics
Measure and Communicate Progress

Focus 7

戦略は決まり、スローガンも準備が整った。「7つのフォーカス」の次のステップは成長を引き起こす人材を見つけ、権限を与えることだ。人材からその最高の部分を引き出すのはビジネスリーダーの最も重要な仕事の一つでもある。

現在、ケロッグビジネススクールでモハンとサンジェイの同僚であり、バクスター・インターナショナルの元CEOであるハリー・クレーマーは、人材をどう使うかについて、自らのアプローチをシンプルな言葉でこう語っている。「適材を見つけ、適切な仕事につけること。それで、さっさと現場に行ってもらうことだ」。

クレーマーのコメントは、「7つのフォーカス」の枠組みにおける人材の扱い方に関して、極めて重要な要素を捉えている。それは、成長に向けた取り組みを牽引する潜在能力の高い少数の人材を見つけ出し、その人に並外れた責任と経営資源を与えるというものだ。そして、その人が履行を求められた範囲を超えて進み、最初はあなたも彼ら自身も不可能と思っていたような成果を出すのを黙って見守るのだ。

こうした特別な人材をどうやって見分けるのだろう。一般に、そうした人材は4つの必要不可欠な資質を持っている。

まず、**情熱**である。彼らは真の目的意識を持って仕事に臨み、無限のエネルギーをそれに注ぎ込む。彼らにとって仕事とは月曜日から金曜日、9時から5時までの間の義務ではない。仕事とは冒険であり、山あり谷あり、勝利あり逆境ありのゲームなのである。彼らのする仕事には自分自身の関心と想像力が注ぎ込まれており、そうした関心と想像力がエネルギー源なのである。

また優れた成果を出す人材に**チームワーク**の価値を理解している。彼らは他人と協力することを厭わず、他人のアイデアや貢献を脅威ではなく刺激と感じる。

また、最良の人材は**変容をもたらす**トランスフォーマーでもある。彼らは何が課題なのかを見つけ出し、それを解決しようとする。変革のための変革ではなく、物事を良くするための変革であり、気概とエネルギーをもって問

題に取り組む。

　彼らには常に物事を成し遂げようとするバイアスがかかっている。休むことを知らぬ革命家である彼らは、良い意味で常に**不満を持った状態**にある。決して不平家ではないが、自分の世界をより良い場所にするにはどうしたらいいかと常にアンテナを張っている。

　こうした優れた成果を出す人材はどの会社にもいるものだが、大企業では往々にして複雑怪奇な組織の迷路の中で葬り去られてしまう。リーダーの仕事はこうした人材を見つけ出し、くびきから解き放ってやることだ。

　「7つのフォーカス」の戦略は、少数の施策に賭けろと説くが、同じことが人材にも当てはまる。少数の人材に賭けるのだ。人材にもっと大きな賭けをしてみよう。そして思い切って彼らに自分の夢を追いかけてもらおう。

　クラフトのプラディープ・パントはこう言っている。「情熱とエネルギーを持ち、何かを成し遂げたいという意欲ある人材を見つけなさい。そうすれば間違いはない」。

　もちろん、バランスは大切だ。どんなビジネスにも堅実なタイプ、物事をきっちり成し遂げられるタイプの人材が要る。これらの熱意あるマネージャーや社員は革命を起こしはしないが、与えられたビジネスをしっかり理解して、熱心に取り組む。彼らは戦略の実行に不可欠な役割を果たす。

　これらすべてのプレーヤーにとって、共に取り組むということがカギとなる。さまざまな部門や部署のリーダーは、会社全体が一つの家族のように運営されていると認識する必要がある。相互依存とギブアンドテイクはすべての社員にとって重要なことだ。部署のリーダーは自分の部署の利益と会社全体のより大きな利益のバランスをうまくとる必要がある。

　そのロジックは簡単だ。今日のネットでつながった世界では、協働のネットワークが、一匹オオカミに勝つのである（この点は第8章で改めて触れる）。

　成功に次ぐ成功を遂げたすばらしい人物だが、誰もその人物と仕事をしたがらないというような実際の事例をみんな目のあたりにしているはずである。

そのような人物は共に創り上げるということの重要性を認めたり理解したりすることができない。

こうした一匹オオカミタイプも大切な役割を果たすことができるが、社員の創造性、興奮、献身という真のポテンシャルに火をつけることはできない。昔ながらの小学校の評価項目「おともだちと協力することができます」は、今日の大人のビジネス界でも十分意味がある。

とりわけ指揮命令系統がきっちりと決まっている大企業で看過されがちな性格は率直さである。これは大事にされるべきである。単刀直入なトークや理路整然とした思考に、率直さを見て取ることができる。パワーポイントのプレゼンの陰に隠れるのは簡単なことだ。一歩踏み出し、形式張らずに堂々と率直に話をする人物は逸材である。

サンジェイはクラフトに入社した直後、これが如実に示される経験をした。北京にある同社の中国オフィスを出張で訪れているとき、中国事業の幹部は新任の上司のために事業の現状を説明する長々しいプレゼンテーションを準備していた。当時、クラフト中国のヘッドだったマーク・クラウスは北京空港でサンジェイを迎えて車で一緒にオフィスに向かった。

車の中でサンジェイはクラウスに事業についてのブリーフィングを求めた。そこから、あらゆる側面にわたるフランクなディスカッションが始まったのだ。報告すべき知らせには良いものと悪いものがあった。明確なアクションプランが念頭にあったクラウスは単に状況を説明するだけに止まらなかった。

「わたしたちは文字通り、車の中でわたしの来年の年間予算について話し合い、数字に合意しました。わたしは中国事業の抱えている問題について話し、何をすべきかをサンジェイと話し合いました」とクラウスは当時を振り返る。

2人が北京オフィスに着くと、サンジェイは車から飛び降りてこう言った。「現状はわかった。これからどうすべきかを決める時だ」。

中国事業の幹部連中は驚愕した。なにせ3時間分の報告とパワーポイント

を用意していたのだから。

　クラウスのアプローチは「カルナ・キャ・ヘイ？（さあ、これから何をする？）」の精神そのものだった。彼の率直さは同僚や上司から信用を得ることにつながった。その後、彼が出世の階段をトントン拍子に上ったことは言うまでもない。クラウスはモンデリーズ・インターナショナルの北米部門トップとなったのだ。

　ビジネスの転換やテコ入れのための取り組みを始めるときには、社外に目を向けなくてはならないときもある。「世界を黄色く塗ろう」戦略を打ち出したとき、リプトンは紅茶市場だけでなく、より広い飲料市場で成功したいと考えていた。リプトンは食料品店以外にも販売を拡大し、家庭以外の消費市場にも参入したいと考えていた。だが、食品店ルートに強いリプトンも、それ以外の流通チャネルや紅茶以外の飲料についての陣容は手薄で経験も乏しかった。
　チーム拡充に向け、リプトンは飲料メーカーから25名のマネージャーを引き抜いてきた。これは、「世界を黄色く塗ろう」キャンペーンのチームを形成する際のカギとなるステップであった。
　企業の合併や買収はさまざまな問題を引き起こすが、とくに社員の心に無益な不安を煽ることがある。
　新しい仕事を誰がやるのか？
　誰かが追い出されるのか？
　こうした不安は至極もっともなものだ。こうした状況ではリーダーはすばやく動く必要がある。統合に向けた計画を策定し、混乱をなるべく最小限にとどめつつ、業務統合に集中する必要がある。

　2010年にクラフトがキャドバリーを買収した当時、多くの国で両社の業務は重複していた。不安を和らげるため、サンジェイと経営チームは買収から100日以内に国ごとにトップと経営チームを決めることにした。その後、

クラフトは外部のコンサルタントを使って、誰がそれぞれのポジションに最適のスキルを持った人材であるかを査定してもらった。

プロセスは速やかに進み、しかも公正だった。大事な点は、一連のプロセスがクラフトとキャドバリー両社のリーダーたちの目に公正と映ったことだった。

「クラフトとキャドバリーはいずれも極めて大組織かつ自尊心の強い会社であり、当初、合併には多くの反対意見がありました。速やかに適材を適所に配置できたことが統合の成功理由です」と見事に統合チームを率いたティム・コファーは述べている。

振り返ってみれば、本当の意味で適材適所といえる人事は8割程度だった。これは許容できる成功率といえる。大切なことは、迅速に人事の決定が行われ、それがおおむね適材適所であることだ。それによって合併会社は新しい組織を作り上げる作業に取りかかれるからだ。決定のプロセスに時間をかけても結果に大きな違いは生まれないだろう。

行動を重視するからこそ、タイトなスケジュールを課すことになるわけで、有望な人材を絶えず発掘しておくというプロセスが有効である。賢明なリーダーは常に先を読み、具体的なニーズが発生する前に人材の採用を行う。レーダー画面にすばらしい才能とスキルを持った人材が映し出されれば、社内でその人物にふさわしい場所を用意しよう。1人の有能な人材は10人の凡庸なスタッフに勝るからだ。

キープレイヤーが集まり、戦略の枠組みが決まれば、あとは前進するのみ。対象を絞り込んで大きく大胆な賭けをしよう。

経営資源の傾斜配分

焦点を絞って活動するというロジックは、いちばん、勝てそうな事業分野に経営資源を傾斜配分し直すというシンプルな前提に基づいている。経営資源（つまりヒトとカネ）は有限である。だからこそ、優先順位が低い分野か

ら高い分野に経営資源を振り替えなければならない。これをわたしたちは経営資源の傾斜配分と呼ぶ。

　この考えは、人材、資金、上級管理職の時間に適用される。例えば、クラフトで「5-10-10」が導入されると、サンジェイは上位10市場に入るマーケットしか訪問しなくなり、その努力のほぼすべてが10の優先順位の高いブランドのみに注がれるようになった。さらに、複数の集中ブランドの中でも、優先順位にしたがって関心を寄せる対象にメリハリをつけ、時間を注意深く管理する必要があった。

　資金に関する傾斜配分でやるべきことは、予算の再配分だ。そこには規律あるリーダーシップに加え、ノーと言える力が必要だ。非集中分野の資金は引き上げが必要だ。完全撤退のプロジェクトも、延期されるプロジェクトもあるだろう。これらには痛みを伴う可能性がある。

　マーケティング分野でいえば、愛されてはいるが小さなブランドは、従来の支出レベルが削減され、より大きなポテンシャルがある分野の取り組みに資金を配分することになる。お気に入りのプロジェクトでも餓死する。

　もちろん、変化しないものなど存在しないし、資金に関する意思決定も状況によって進化していく。予測できなかった突然の変化により、コア・プロジェクト以外のプロジェクトへの資源配分をさらに絞り込んで、傾斜率を大きくしていく必要が出てくるかもしれない。マネージャーは敏捷かつ規律をもって事に当たらなければならない。

　確認しておこう。こうしたことはすべてのビジネスリーダーの職務記述書の一部であり、ビジネスリーダーはこうした仕事をするために雇われている。違いがあるとすれば、目的がどの程度明確になっているかということと意思決定のスピードだ。資源の傾斜配分は、次の予算作成サイクルに先延ばしできるものではない。選択をすべきは今なのだ。

　選択の多くは、コストカットと単純化の絶えざる必要性から生まれる。マネジメントの階層性、さまざまな管理費、利幅の小さな製品等、ビジネスは

いろいろな側面から定期的に精査されるべきで、優先事項に経営資源を使えるようにするためにも、合理化や廃止の検討が必要なのである。

「7つのフォーカス」の目的は、利益の伴った持続可能な成長を作り出すことだ。利幅を高めることでより多くの資金が生まれ、優先項目への投資が可能になる。これが経営資源の傾斜配分によって得られるメリットである。

傾斜配分のアイデアは、「7つのフォーカス」の中で最もパワフルではあるが、直感的には理解が難しいツールである。しかしながら、正しい状況で活用することで、さらに高いレベルに進化させることができる。

白紙小切手

10年前、クラフトはタンに関して大きな試練に直面していた。朝食用の粉末飲料タンは長年、同社を代表するブランドの一つだった。タンの名声は、1960年代にアメリカの宇宙飛行士が宇宙に持っていく飲料となったことで、文字通りロケットのように上昇したが、その後は業績悪化のサイクルへと墜落した。

タンのブランド・マネージャーたちは世界中で色々なことに取り組んだが、取り組みの多くは、成果が目標から大きく外れたものだった。例えば、売り上げとしては横ばいで推移していた中南米市場で、瓶入りですぐに飲めるタイプ（ready-to-drink）や、ヨーグルトの形態も実験した。「タン・ブランドによって提供する価値が、焦点のぼけたものになってしまったんです」と、クラフト中南米のトップ、ギュスターボ・アベレンダが当時を回想する。

それにもかかわらず、タンは2007年の「5-10-10」における注力ブランド10の一つに選ばれていた。タンには問題はあったが、**3つのM**の基準は満たしていると経営陣は認めた。業績はほぼ横ばいではあるが、米国以外の地域での年商がほぼ5億ドルに達しており、マテリアリティ（規模性）は大きかった。マージン（収益性）は良かった。そして、タンには何よりもモメ

図表6-1 ▶ 白紙小切手

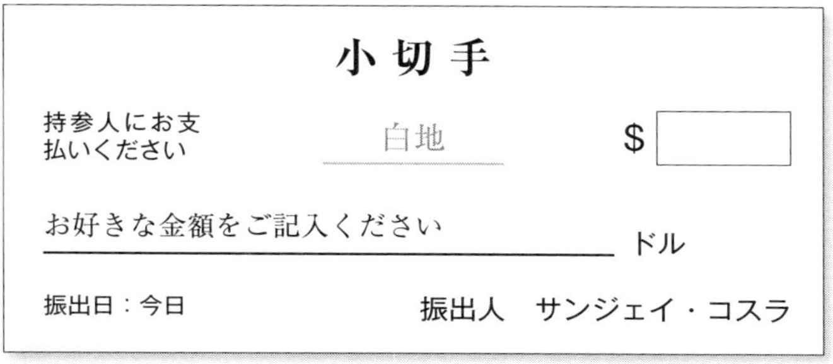

```
            小 切 手
持参人にお支      白地            $
払いください
お好きな金額をご記入ください_____ ドル

振出日：今日      振出人  サンジェイ・コスラ
```

ンタム（優位性）を回復する可能性があった。

　タン・ブランドは世界中で知られていた。その粉末技術は競合品を凌駕していた。さらに、どこへも簡単に持ち運べて、水さえあれば作れるタンは市場で最も環境に優しい飲料であるなど、時流にも乗っていた。だが、クラフトは一体、どうやったら再びタンの人気に再び火をつけることができるのか？

　クラフトの経営陣は、タンの売上成長を再び成層圏に押し上げるための大胆な戦略を導入したのである。まず、主要国におけるタンのリーダーには、夢を大きく持ち、経営資源の心配はしないようにというメッセージを送った。大きな目標を設定して、それにチャレンジせよと。

　実際にタンのリーダーたちはそれを実行してしまった。どうやったのか、これから説明しよう。結果はすばらしいものだった。5年でタンの売り上げは倍増し、10億ドルのブランドとなった。タンが5億ドルのブランドになるまでには50年近くを要していたのに。

　タン再建の秘密は、わたしたちが「白紙小切手」と呼ぶものだ。これにより、チームはイノベーションの足を引っ張る経営資源不安から解放されたのだった。白紙小切手とは「予算のことは気にするな。もしタンのチームが持続的に成長を高められる可能性の高い計画を持ってくれば、クラフトがその

費用をもつ」というものである。
　もちろん、これは、「自分の資金の範囲内で事業を営む」というビジネスの不文律とは相容れない。マネージャーは常に限られた経営資源で仕事をしなければならないと教えられてきた。残念ながら経営資源に制約があると、計画することよりも抑制することを強要される。それは、人々の創造力の可能性をも制約してしまうのだ。

　予算をはじめとする経営資源の制約から解放されることによって、人の考え方が変わるということをわたしたちは発見した。新たな視点で問題に対処し、起業家精神をさらに発揮し、想像力を大きく膨らませることで、人は従来とは違う考え方をするようになる。別の言い方をすれば、失敗を恐れなくなるのだ。
　「それはまるで、『オズの魔法使い』で賞状をもらった案山子（かかし）やメダルをもらった臆病なライオンのようでした」と、カルロス・エイブラムズ＝リベラは言う。
　「人々に心配することはないというシグナルを送るのです。実際、彼らは怖がっているのですから。正しいビジネスモデルを学んできたからこそ、恐れを感じるのです」。
　わたしたちがここで提案したいのは次のようなことである。戦略の正しい枠組みの中で、正しい状況下で、リーダーは野心的なゴールを設定することに集中する。こうしたゴールを達成するため、部下のマネージャーたちに**必要なだけ経営資源を使っていい**と言うことである。
　自分で予算を決めてもよいということは、オーナーのように活動することができるということである。それによって、どれだけの人がすばらしい結果を生み出すために頑張ろうと鼓舞されたか。その効果には目を見張るものがあるというのが、経験を通して実際に実感したことである。

　クラフト・ディベロッピング・マーケットは2007年に白紙小切手の発行

を始めた。5年後、取り組みの結果について、評価を行っている。7割の取り組みが成功していた。たとえ失敗分を考慮に入れたとしても白紙小切手の取り組みは通常のオペレーションの成果を凌駕するものだった。

　一つ、はっきりさせておいたほうがいいことがある。白紙小切手は正しい状況下ではパワフルなツールだが、あくまでも選択的に用いられるべきであり、全社的な業務活動に用いられるメカニズムではないということである。

　例えば、「5-10-10」戦略に選ばれた10のブランドは、社内から強い関心が寄せられ、資源配分についても優遇されたものの、その中で白紙小切手の直接の対象となったのは、それほど多くはなかった。リーダーたちは白紙小切手を使う機会が生まれる中で、経営についてはいろいろな側面から目配りを続けなければならない。

　白紙小切手とは、目標を経営トップと協議のうえで設定し、その際に定めた時間の枠内で目標を達成するために必要な経営資源を自分たちで考えて、自由に決めることの比喩である。

　白紙小切手は、チームに対しては、例えば月に向かってロケットを打ち上げるように強くすすめる役割を果たす。あらかじめ決められた予算と日常の仕事という重力から、チームを解き放つために必要なロケット燃料と考えることもできよう。

　また、白紙小切手は、ガイドラインも結果責任もなく、際限なく散財することを正当化する許可証というわけでもない。チームは自らが必要とする経営資源を自分で決めなければならないし、白紙小切手の額面は自分たちで記入する必要がある。

　白紙小切手の対象となる取り組みは、すべからく全社的な企業戦略に沿ったものでなければならないし、持続的に利益の伴った成長を達成する可能性があるものでなければならない。

　白紙小切手は、損益に短期的に大きく寄与するような一過性のヒットを生むためのものではない。白紙小切手の理念は、好循環の原動力となる壮大なアイデアに力を与え、事業の長期的な軌道を変化させるというものだ。

白紙小切手が与えられたチームは、定量的に計測可能な成果目標を設定し、それに対して厳しい責任を持たなければならない。白紙小切手は、枠組みの中では自由の象徴であり、行動する自由は与えられても、各取り組みは、戦略から逸脱してはならず、成果を生むものでなければならないという基本原則とセットになっている。

　例えば、そうした枠組みは「5-10-10」戦略のように企業の絞り込み領域を含むものかもしれないし、イノベーション・プラットフォームの展開を反映したものかもしれない。白紙小切手で忘れないでいてほしいポイントは、それが会社で決められた方向性に沿ったものでなければならないということだ。

　白紙小切手は成長機会にしか適用されないものではなく、コスト削減プログラムや生産性向上にも適用できる。たとえ短期的に大きな投資になったとしても野心的なゴールを達成したいチームには通常の枠を超えた経営資源と関心が与えられる。

白紙小切手のしくみ

　白紙小切手というアイデアを実際に利用するには、ビジネスリーダーたちは最高の賭けを選択し、チームを選定し、ゴールとプランを策定し、戦略構想を始動させ、結果をモニタリングするための体系的なプロセスを実行しなければならない。これらの5つのステップの実際は次のようなものだ。

1.　ベストの対象を選ぶ

　白紙小切手は大きな賭けを資金面で支えるためのものだから、その対象は注意深く選ばなければならない。

　対象を探すビジネスリーダーは、常に3つのMを念頭に置いておくこと。白紙小切手の対象となる取り組みは、大きなモメンタム（勝てる可能性／優位性）のあるビジネスにかかわるものでなければならない。白紙小切手は一

発逆転のための起死回生の一投ではなく、企業の強みを活かすスマートなプレイなのだ。

マージン（利益の可能性／収益性）のポテンシャルの大きさもやはり重要だ。取り組みにおける原価と価格の構造には競争力がなければならない。これは、とりわけ新興国市場における新規事業に関して言える。最も手ごわい競合他社（それは、往々にしてローカルの企業であることが多いが）を基準にして、自社と比較しておくことが必要だ。

さらに事業は、一定のマテリアル（売り上げの可能性／規模性）の見込まれるものでなくてはならない。なるべく少ない努力で大きな効果を生むことのできる一定の規模がなければならない。企業規模と比べ小さな売り上げしか生む見込みがない取り組みに、どうして時間を浪費する意味があろうか？それは絞り込みという概念自体に反することだ。事業の規模的成長のポテンシャルは大きくなければならない。

「我々が行うことは、勝利の可能性が高いということを理解したうえで行う賭けです。3つのMを揃えることが第一、さらにそれを実践できる強いチームをつくることです」とクラフト中国のトップを務めたショーン・ウォレンは語る。

2. チーム選定

突き詰めれば、白紙小切手とは、事業を変革させる潜在的な力、情熱、忍耐強さがあると信じられる人に、大きくかつ大胆に賭けることである。トップがチームリーダーを選ぶわけであるが、選ばれる人材は白紙小切手を振り出す事業領域をよく知っていなければならない。

チームリーダーは、単に最年長であったり、あるいは該当領域の経験が最も豊富であったりということだけでも不十分である。最も重要なことは、その人物が最も大きな潜在力を持っているかどうかである。それが第一番目の選考基準である。

企業の経営陣は白紙小切手の候補者をめぐり、いくつか大事な点について

自問する必要がある。

　その人物は、現在の責任や管理の範囲をもとに判断して、今回のチャレンジに向けた当然の選択といえるか？

　この候補者は責任を喜んで引き受けてくれるか、恐怖で凍りついたりしないだろうか？

　新しいやり方で考えることができるか？

　型通りのやり方でなく、新たなやり方で試してみるよう、まわりの人々を鼓舞するような力量があるか？

　過去に成果を出した実績があるか？

　チームリーダー候補を評価したり、魅力的な取り組みを見つけたりする際は、候補者に対して次のように尋ねるとよい。この質問は、使えるツールである。

　「もし、なんの制約もなく、世界のすべての経営資源が使えるなら、このビジネスにはどんなことが可能だろうか？　君ならどんなところまで行けるだろうか？」。

　その答えを聞けば、質問を受けた人物の創造性や度胸がありありとわかるほか、ビジネスのどの領域に本当のポテンシャルが隠れているかということもつかめる。

　白紙小切手のチームリーダーを選ぶことがチーム組成の最初のステップとなる。その後、リーダーは組織全体に働きかけて、この取り組みを必ずや成功に導くために必要な各種スキルを小規模なグループに統合していく。

　求められる専門性を特定する作業は、取り組みを推進する中で繰り返し行われるプロセスでもある。さまざまなプロジェクトが展開されれば、新たなニーズが認識され、そうしたニーズに沿ってチームは進化していく可能性がある。外部から専門人材を採用する必要があるかもしれない。実際、外部の人材の見方は有益な刺激剤になる。

　状況により、チームメンバーはこれまでの通常業務をこなしながら白紙小切手の取り組みを遂行することになるかもしれない。だが、ここで経営資源

の傾斜配分が本領を発揮する。白紙小切手の取り組みの運営には時間と労力がかかるものだ。企業の経営陣はメンバーの通常業務をバックアップする態勢を整え、この特別な任務に専念するための自由を与えなければならない。

3. ゴールとプランの決定

経営陣によって白紙小切手の対象となる取り組みが選定され、チームも結成されたとして、次にビジネスリーダーは、チームが達成すべきゴールを定める必要がある。ゴールは、定量的に表現され、アグレッシブに設定されたものであるべきである。

また、時間枠の概念で縛られるべきだ。数値化されたゴールには、曖昧な要素はなく、したがって誰もが理解できる。目標値は、売り上げ、粗利益、キャッシュフローなど、明確に定義された基準で計測可能な数値であるべきだ。

さらに、目標は、少しずつ改善することで達成できるようなものではないという意味で、びっくりするくらいに大きなものでなければならない。白紙小切手チームが、従来のビジネスの前提すべてを見直して、自社が疑いなく受け入れてきた常識的規範に立ち向かわざるをえなくなるような驚きを与えるものであるべきだ。

例えば、タンの例でいえば、クラフト・ディベロッピング・マーケットの経営陣は、5年で売り上げ倍増という劇的な挑戦を発表した。クラフトによるキャドバリー買収後、インド事業の目標には、厳しい時間制限が付された。それは、年末までにインド事業を5億ドルのビジネスにするというものだった。そのためには、次の10カ月でインド地域における売り上げを25％増やさなければならなかった。

白紙小切手の取り組みについては、短い締め切りで管理されるべきで、最も長いものであっても数年程度以内という短い期限設定が必要だ。また、進捗状況を細かくフォローするために、目標にはさらに短い6カ月〜12カ月程度の時間枠での設定が必要となる。

時間のプレッシャーがかかるとチームメンバーは結果を早く出さざるをえなくなる。些末な改善を目標にすることや、数年かけて結果を出すというような贅沢が許されなければ、軌道修正は早めにやるというような知恵も生まれるだろう。

　白紙小切手の挑戦に対する典型的な反応は、懐疑の目だろう。大企業の人々は、あらゆる経営資源をめぐって争うような条件に置かれている。多くの企業において、社内で物事を進めるためのエネルギーや、社外に集中せず、社内の上司に気に入られるためだけに費やされるエネルギーがどれほど大きいかということを知るとショックを受ける。

　企業の社員は、予算、コスト削減、倹約などの視点で物事を考えるよう訓練されている。無制限の経営資源を求めることが可能な状況を彼らは一度も経験したことがないだろうから、白紙小切手という考え方はあまりに異質で、最初はにわかに信じられないかもしれない。ビジネスリーダーの本気度を知ると、今後はチームの懐疑は恐れに変わるかもしれない。失敗することへの恐れ、スポットライトが当たることへの恐れだ。

　経営陣は、白紙小切手は称賛なのであり、社員を信用している証拠だということを社員に納得させ安心させることに心を砕くべきだろう。白紙小切手のリーダーには、事業を成長させるのみならず、個人の人生を輝かせることができるような最大のチャンスが与えられてきた。成功することは期待されているが、決められた所与のものでもない。そして、失敗しても罰せられない。成功しても失敗しても、ボーナスは保証される。

　白紙小切手チームは時として不安のせいで、既存の業務を増やしたり、それに改善を施そうとして、狂ったように働くことがある。だが、こうした過去からの延長の直線的思考ではブレークスルーとなる結果は生まれないことを彼らはほどなく理解する。こうしたことによって、チームは、パワフルなインサイトに導かれることになる。

ジョージ・ゾグビは2004年に低迷していた食品サービス事業をテコ入れするため、白紙小切手を手渡されたフォンテラ・ブランドのチームの一員だった。

　「ものすごい責任の重さが自分にのしかかってくるのを感じました」と、のちのクラフトフーズのチーズ部門のトップとなったゾグビは言う。

　「（白紙小切手を振り出した人の）無条件の信頼が自分に注がれているのを感じるんです。『がっかりさせちゃいけない』という思い、責任を感じるレベルがすさまじい勢いで上がっていきました」。

　プラン作成に向けて、チームはタイトな締め切りに間に合うよう取り組んだ。与えられた時間が短いということは、このチャレンジが通常業務からは外れたものであることを示すもので、チームが分析過剰に陥って麻痺することを防ぐ。その反面、スマートな分析はプランの中心に据えられるものであり、慎重なビジネスの意思決定を遵守しつつ、事業の軌道を変える方法を見つけられるものでなければならない。

　フォンテラの事例でゾグビのチームは3部から構成される計画を策定した。事業の拡大と利幅のポテンシャルが見込まれる乳製品のみに集中すること。食品サービス分野の専門人材を外部から採用することでスキルを上げること。結果が出始めたら、成功している分野をさらに推進し、加速しなかった製品や取り組みは止めるなど、起業家マインドを強く保ち続けること。

　プランを策定した白紙小切手チームは、**3つのM**を反映させた簡単な事業提案書を提出する必要があった。この提案書では、何に取り組むのかということと、合意された成果を生むための主なステップを定義する必要があった。そこでは具体性が求められる。

　ゾグビのチームは、例えば、重点製品、主要顧客、主要市場をリストにして示した。目標、時間枠、計画の実施方法とステップ、マイルストーン（中間目標）としての主要な成果、派生的成果、そして財務予測などが提案書に含まれている必要がある。

提案書とともに、チームは白紙小切手の額面、つまり必要な資金額を記入する。過去数年、わたしたちは数百万ドルから数千万ドルの小切手と関わってきた。額面は資金が不足する心配をせずに、チームが取り組みを実行して行くのに十分なものでなければならない。また白紙小切手は単に資金だけに関わるものではない。特別のスキルを持った人材もチームはリクエストすることができる。

　最終的にゴーサインを出す決定をするのは経営陣だ。審査は厳格かつ迅速に行われる必要がある。このプロセスを支えるのは「信頼」だ。経営陣は白紙小切手チームが成功をもたらすと信頼している。管理職はそれに口出しすべきではない。

4. 取り組みの始動

　ビジネスプランが合意に達すると、経営陣は正式に額面を承認して小切手を振り出す。チームリーダーがアクセスできる口座に第1回目の資金を振り込む。

　こうした経営資源はどこから捻出されるのだろうか？　傾斜配分からである。実際のところ、白紙小切手は前回行われた傾斜配分のさらなる傾斜配分から捻出されていることが多い。経営陣にとってこれほどやさしい決断はない。継続的な業務の単純化などの努力は絶えず行われている。優先順位の低い取り組みの廃止や抑制もある。コストを低く保つためのアグレッシブなプログラムもある。白紙小切手の資金を捻出するのに魔法の財布はない。すべての経営資源は有限だ。

　クラフト中国からクラフト・ブラジルに異動したマーク・クラウスは白紙小切手プロジェクトの資金源を見つけるための努力を回想する。

　「ブラジルでは、ゼラチン、ベーキングパウダーなど細々した商品から成る食品事業がありました。我々がそれをサポートしていたのは利幅がよかったからです。しかしながら会社に大きく貢献できる可能性はまったくありませんでした。そのため、少数部隊から成るスモールショップとしてこの事業

を完全に作り替えました。我々は少数部隊に取るべきアプローチを伝えて、次のように言いました。『さあ、与えられた数字だけ達成してくれ。それ以外のことは気にしないでいいよ』と」。

資金は、食品事業やそれ以外の非優先事業からも、そして大幅なコスト削減からも捻出され、その資金がタンのような優先ブランドに利用されたり、それ以外の白紙小切手用に割り当てられることもあった。

白紙小切手は単に資金だけでなく、経営資源全般に対して振り出されることも可能なことを覚えておいてほしい。白紙小切手のチームは、特別の技能をもった人材、技術、本社の関心など、ゴールを達成するのに必要なあらゆるものを自由に要求できる。

5. 結果のモニタリング

白紙小切手の戦略構想の開始後は、主要な成果の達成に関するマイルストーン（中間目標）を設定し、それを注意深くモニタリングすることが重要だ。お勧めしたいのは、軌道修正がすぐできるよう、四半期ごとのマイルストーンを設定することである。

計数化とそれに関連する指標については第9章で細かく述べるが、白紙小切手に関する指標はなるべくシンプルにして、進捗状況が1枚のレポートで測れるようにすべきだ。製品の売り上げが計測対象の場合、知りたいのは売上高／市場シェア、利益率、キャッシュフローなどであろう。

スタートアップ企業が往々にしてそうであるように、白紙小切手の取り組みが計画通りに進むことは滅多にない。チームは実験を行い、リスクを取るが、こうした実験のいくつかは当然のように失敗するだろう。失敗は学習プロセスの一部だ。

本章でこの後すぐ述べるが、重要なことは早い段階で、金銭的に痛みの伴わない失敗をして、すばやく学ぶことだ。白紙小切手の取り組みから得られる試行錯誤の体験は、偉い上司による多くのレクチャーやパワーポイントのプレゼンよりもはるかに有効な学習ツールとなる。

白紙小切手はどう成長の原動力となるか

　実際に白紙小切手の戦略構想がどう機能し、どのような結果を生むのかを検討するため、新興国市場における最近のクラフトの３つの事例（タンの再活性化、インドのキャドバリー事業の加速、中国におけるクラフトの生まれ変わり）を細かく見ていこう。

▶ 5年でタン事業を倍増する

　クラフト新興国市場の幹部は、世界の主要市場におけるタンのリーダー・チームに対して白紙小切手を振り出した。期待されていたことは、500億ドル規模の世界のクラフトフーズの経営資源を活用することで、各国の消費者とのつながりを作り出すことだった。

　まず、サンジェイをはじめとする経営陣は、ブラジルのタンのヘッドであるアレハンドロ・ロレンツォを白紙小切手チームのトップに据えた。ロレンツォにはこの役割を果たすだけの実績があった。彼はタンのビジネスをよく知っており、精力的で、かつ意欲的でもあった。チームの一員として周囲と協力して働いた実績もあった。

　タンはブラジルを含むさまざまな場所で苦戦していた。

　白紙小切手チームのリーダーが決まると、サンジェイはロレンツォのほか、マーク・クラウスをはじめとする数名の地域リーダー、およびクラフト中南米のトップであるギュスターボ・アベレンダと話し合いを行った。

　ロレンツォはその会議は苦痛だったと回想する。

　「我々は真実に直面しなければなりませんでした」。

　タンは袋小路に陥っており、ブランドは凡庸の海に溺れかけているとサンジェイは単刀直入にポイントを突いた。それから、彼は５年間でタン事業を倍増させるという驚くべき目標をチームに与えた。それを達成するためにサンジェイは白紙小切手を与えて、インスピレーションと興奮が感じられる何かを持って帰ってくるようにチームに命じた。チームには完全な自由が与え

られた。

　で、スケジュールは？

　4週間以内に考えをまとめて持ってくるようにとのことだった。

「驚愕しました」と、ロレンツォは回想する。「ですが、なんとか正気を取り戻し、こうした目標を達成するにはアプローチを完全に変える必要があると考えました」。

　メッセージははっきりしていた。これは通常業務とはまるで違っていた。4週間が過ぎ、ロレンツォのチームはいくつかの初期プランを持って戻ってきた。より重要なこととして、チームは経営資源を求めてきた。この時点で彼らが求めてきたのは巨額の資金ではなく、特別なスキルを持った人材だった。

　こうして、マーケティングとパッケージングの専門家を含む5、6人のクラフト社員が、海外から新たに白紙小切手チームに加わった。さらにロレンツォはマーケティングと分析の分野でのサポートを得るため、2つの外部機関を使うことにした。

　その後2週間ほど、グループは電話とeメールを駆使してアイデアを練った。サンジェイは彼らに一切、指針は与えなかった。チームがどのようにしてゴールに行き着くのか、自分は全く想像もできないことをすぐ彼は認めたのだった。疑いを感じる人にとって、「地位が高い者が必ずしも低い者より優れた知恵を持っているわけではない」という告白はぐさりと核心を突くものだ。

　では、彼らをリーダーらしいリーダーにさせている要素は何であろう？

　上級経営陣が果たせる最良の役割は、創造性が花ひらく環境を作り、白紙小切手のようなメカニズムで人々の可能性を解き放つことだ。

　4週間後、アレハンドロ・ロレンツォのチームは大まかなプランと予備的な予算申請のために戻ってきた。クラフトは彼らに12カ月以内になんらかの成果が見え始めるような何かを求めていた。

チームは自分たちへさらにプレッシャーをかけた。タンの売り上げは、気候が温暖なシーズンにピークを迎える。それはタンの販売が好調な地域の大半で12〜3月の四半期に当たっていた。このことは、新プログラムはおよそ9カ月以内に完成して稼働しなければならないことを意味した。

こうしたスケジュールに直面した白紙小切手チームは、ビジネスの核心を突く必要があると思い知った。タンにはさまざまなフレーバーがあるが、売り上げの半分以上はタン・オレンジで占められていた。すぐに出る結果が欲しいのであれば、努力の焦点をタン・オレンジに絞るべきだった。

タンのマネージャーたちは、ヨーグルト・タン、瓶入りタンなど、多くの小さなアイテムにエネルギーと経営資源を少しずつ浪費していることに気づいた。これらの革新的な取り組みは多くの関心と興奮を集めたものの、利益を上げているとは言い難かった。ロレンツォのチームはこれらを廃止した。

一方、立役者として資源配分の焦点となるのはタン・オレンジだった。タンのマネージャーたちは、この象徴的な飲料に営業部隊を結集させ、市場に話題を提供した。具体的には消費者コンテストの開催、商品の再活性化、ディスプレイの改善、販売インセンティブの新設など。こうした要素はチームにとってはお馴染みのものではあったが、ここが努力に見合う報酬が得られる場所だと彼らは感じていた。

チームのプランの他の2要素はそれより変わったものだった。まず、タンのパッケージングを刷新する、とりわけ1杯分の小袋を作ろうという長年の議論があった。それにより、商品価格帯は下がり、サンプリングが容易になるし、より楽しい製品になるはずだ。白紙小切手チームは中南米地域オフィスに勤めるクラフトのパッケージング専門家ジョアン・モレイラをチームに招き入れ、この仕事に取り掛からせた。

モレイラは即座にパッケージング用機械のパイオニアであるボアトパックという名のイタリア企業に連絡を入れた。ボアトはタンの1杯用小袋の試作品を作ってきた。モレイラはそれをアレハンドロ・ロレンツォとマーク・クラウスに見せたところ、2人は大喜びした。

彼らはそれをシカゴで行われるリーダーシップ会議に参加するため出発間際だったギュスターボ・アベレンダに見せた。アベレンダは小袋のサンプルを1つ持って出発し、会議中にポケットから取り出した。

　経営陣はその場でゴーサインを出した。この投資については、確実に元が取れるものであるということを知るものはいなかったが、経営陣は白紙小切手チームの興奮を見て取って、それを信用したのだった。

　白紙小切手チームのもう一つの提案が特別に見えたのは、それが往々にして見過ごされていたものだからだった。厳しい目標と時間的制限に直面したチームは、基本に立ち戻るべく、ワークショップとリサーチを重視した。

　「あまりに基本的すぎるようですが、消費者が何を求めているかを理解する必要があったんです。消費者が求めていたのは、高品質かつ便利でお手頃な、美味しいフルーツ味の飲料でした。こうしたインサイトが得られた途端、ビジョンを練り上げるのは訳もありませんでした」とアベレンダは回想する。

　こうしたインサイトを踏まえ、チームはタンの環境保全面での優位性とその健康的な側面をフル活用することにした。タンのこうした要素は1960年代の宇宙飛行士の時代に遡る。タンは宇宙飛行士のビタミン源だったのだ。これは、競合飲料にまっすぐ狙いを定め、一部の者にハンデとみなされていたものを最大限に活用することを意味した。

　「時が経つにつれ、食事と一緒に飲む飲料は、タンから炭酸入りのソフトドリンクに移り変わっていきました。こうした中、正直言って、タンはあまりにも退屈な飲み物となってしまったのです。あまりに多くの栄養素が詰まりすぎていて、まるで薬用のカクテルみたいでした」と、のちにモンデリーズ・インターナショナルの北米部門のトップとなったマーク・クラウスは言う。

　こうしてチームは最も重要な消費者をストレートに狙うマーケティング・ソリューションを編み出した。その消費者とは、子どもだった。

　「タンは新鮮な水の連想や簡易包装、製造に使われるエネルギーなどにより、

りません。するとブランド・マネージャーがあなたのオフィスにやって来て泣いたり、マーケティング・ディレクターがこれこれの広告をやらないなら、世界の終わりだと言ったりするのです」。

中国の白紙小切手チームは、中国の消費者により近づくべく、現地の人材プールの拡充も提案した。競争力のある給与を提示することからスタートする計画だったが、それ以外にもチームは大きなインセンティブを2つ考えた。新たに採用された人材には極めて大きな裁量が与えられ、かつコミュニティ活動を行うための多大な時間が与えられるというものである。

デイビスとウォレンは、グローバル技術の最良部分と現地市場のノウハウについての専門性を組み合わせた「グローカル」なアプローチ(第8章参照)を梃子にして、こうした現地の人材を拡充していきたいと考えていた。

「白紙小切手によって得た自由は、我々がリスクをとりながら、大きな構想で考え、新鮮な目でビジネスを見ることを助けてくれました」とウォレンは回想する。

失敗への対処

白紙小切手はうまくいけばすばらしい成果をもたらす。しかしながら、すべての革新的な取り組みがそうであるように、一定割合の取り組みは、期待水準に達しないで終わることがある。ビジネスリーダーはうまくいかない取り組みに対する備えが必要だ。失敗への対処ということでは、2つの大切な教訓がある。一つは、失敗から学ぶということ。もう一つが、失敗の恐怖を克服するということである。

最近、クラフトは中南米において、白紙小切手が期待外れの結果に終わってしまうという経験をした。中南米には、低所得層向けに栄養価が高く安価な製品を開発することで成長する大きなチャンスがあると見ていた。中南米チームは白紙小切手の挑戦を引き受けた。ビタミンを強化し、糖分を45％カットしたゼラチンとプリンのラインであるロイヤル・ブランドのもとで、

安価でかつ栄養価の高いデザートを作ったのである。

そのデザートはおいしく、価格もお手頃だった。また、チームは認知度を高めるための活動も行い、物流も確保した。にもかかわらず、その製品の売り上げは伸びず、利益率も予想を下回った。この取り組みは速やかに中止された。

クラフトの経営陣と白紙小切手チームは、この失敗からいくつかの重要な教訓を学んだ。この製品は消費者の態度や購買行動を変えることが前提となっていたが、それは困難かつ長期にわたるプロセスだということ。「おやつ」という新製品のポジショニングは標的顧客の共感をよばなかったこと。さらに、コストが高く、かつ十分な利益率を確保できる価格設定ができなかったことから、持続的なビジネスモデルを実現できなかった。

そして、最も重要なポイントは、こうした失敗により、これを率いたチームが罰則を受けなかったということだ。チームは想像力とエネルギーを発揮し、失敗に終わった後は、何がうまくいかなかったかをはっきり述べることができた。失敗にもかかわらず、この戦略構想のチームリーダーはブラジルのスナック事業のヘッドに昇進した。

白紙小切手の管理のためのヒント

さまざまな製品と市場の領域で白紙小切手に取り組んできた経験から、われわれは成功の確率を高めるためのいくつかの重要な原則を見つけた。

重要なことに集中する。白紙小切手は、常に事業にとって最も重要なことを対象とすること。クラフトでの白紙小切手は、常に集中戦略と関連していた。

持続的成長を実現する。白紙小切手はものすごい売り上げの伸びにつながることがあるが、そうした成長は利益の伴う、かつ、長期的に持続可能なものでなければならない。短期的に売り上げ増にはなるが、長期的には事業全体

にマイナスとなるようなことにチームが取り組むことがないよう、ビジネスリーダーは注意すること。

「試して学ぶ」というアプローチは不可欠のものだ。小さくスタートし、マイルストーン（中間目標）を測定し、成功を確認できたら初めて迅速に拡大すること。中国事業の白紙小切手の戦略構想ですら、当初は小さな規模から始めた。

イノベーションを広く捉える。事業のポテンシャルを最大限に引き出すため、チームは単に新製品を作り出すだけでなく、イノベーションを広く捉えること。パッケージング、販売促進、広告、流通、提携関係におけるイノベーションも必要だ。

すべてを単純化する。企業の首を絞めてしまいがちな複雑性は、白地小切手の敵である。白紙小切手に取り組む際は、単純化に努めなければならない。単純化はいろいろな領域で達成可能である。例えば、製品（例えば、消費者が望む「これで十分」というレベルにまで、性能や特性を絞り込むこと）、プロセス（製造、流通、販売）、組織（組織の階層をなくし、ローカル市場に近い立場で意思決定を行うこと）、管理（迅速な意思決定、少ない会議）などが挙げられる。

クラフトの経営陣は中東欧のサプライチェーンに携わる人々に12カ月以内に生産性を5割向上させるための白紙小切手を渡した。いかなる状況にあるにせよ、これはとてつもない増額だ。その白紙小切手チームは事業に対し、新たな目でアプローチする必要があると考えた。彼らは外部から専門家を招き、プロセスを単純化し、価格表にある取り扱い品番数を削減し、重要性の高いものに絞り込んだ。チームは9カ月足らずで目標を遂成した。

数を絞る。白紙小切手の成功に幻惑され、いとも簡単にあまりに多くの取り組みが承認されてしまうことがある。白紙小切手はパワフルなツールだが、

財源の面でも、リーダーの裁量という面でも極めて要求度が高い。それは長期的には売り上げと利益の増加につながるものの、短期的には極めて大きな投資となる。

また、それは経営陣に対して、多大な個人的関与を求めるものでもある。ベンチャーキャピタルが投資先のスタートアップ企業の数や参加する取締役会の数を絞るのと同様に、経営陣は同時に管理する白紙小切手の数を一定以上、増やさないようにすること。

家族感覚を醸成する。白紙小切手の取り組みでは、チームは集団としての利益を個人的なエゴや見解より上位に置くことが求められる。これこそが先に述べた家族的アプローチだ。個人に与えられる報酬は、個人としての成果とチーム全体の成果をバランスさせたものにすること。

主なリーダーシップ会議の前はいつも「家族の夕食会」を開催してもいいかもしれない。そこでは、毎回、はっきりと決められたアジェンダが用意され、家族としてのチームメンバーから意見を聞く必要のある2～3の議題が話し合われる。夕食後にチームはコンセンサスに達する。こうした習慣を持つことで、チームはやるべきことをはっきりと認識し、結果についての共同責任の感覚を養うことができる。

言葉を広める。白紙小切手は成長のための強力なエンジンであるだけではなく、社内にそれを波及させていく効果もある。日頃の制約から解き放つという確約とともに、そのコンセプトを導入するだけで、組織のあらゆる階層を元気付けることができる。そのメッセージは、「我が社は変わりつつある」というものだ。それによって、新しい考え方や、より新鮮なアイデアが生まれることがある。

白地小切手のプロジェクトは、新規事業の成功に追随するように（そして、願わくば、それを励ましてくれように）、社内の関心の方向性を導いていくものである。だから、白紙小切手のニュースは社内に広められる必要があり、

同時に、その成功は祝福されるべきで、失敗の教訓も含めて共有されるべきである。すべての社員がその体験から恩恵を得られるようにしておくことだ。

　先に見たように、白紙小切手とそのあらゆる影響力のポテンシャルは、「7つのフォーカス」のツールの一つにすぎない。白紙小切手は、全体の戦略に適合する場合に限って、選択的に使われるべきだ。そして、提案書を作成する際のインスピレーションがいかなるものであっても、白紙小切手を実行する際には、注意深さが求められる。それは「7つのフォーカス」の他のあらゆる要素にも言えることだ。どのように実行するかを次の章で見ていこう。

ステップ4　人材：
可能性を発揮させる

FIVE KEY TAKEAWAYS
5つのポイント

1 並外れた成長を遂げるには、成長に向けた取り組みを率いる少数のキーとなる人材に、大きく大胆に賭ける。

2 情熱とエネルギーのある人材を探して選ぶこと。リーダーは、チームワークの価値がわかり、改善とイノベーションを志向する人物であるべき。

3 成長に向けた取り組みを支援するため、経営資源を傾斜配分する。資金、人材、技術、努力を優先事項に集中させること。それは、非優先分野から経営資源を引き上げることを意味する。

4 特別なケースでは、経営資源の傾斜配分については、白紙小切手の形態をとることがある。白紙小切手とは、決められた時間内に並外れた目標を達成するために、選ばれたチームに対して、ほぼ無制限の経営資源を与えることを意味する。

5 白紙小切手は枠組み内で自由を与える一つの方法だ。チームは経営資源と実行に広範な裁量が与えられるが、どんな戦略構想も、戦略の枠組み内には収まるべきであり、モメンタム（＝勝てる可能性／優位性）、マージン（＝利益の可能性／収益性）、マテリアリティ（＝売り上げの可能性／規模性）の**3つのM**を充足していなければならない。

第 7 章

実行：
単純化し権限を委譲する

Discovery
Search for Growth

Strategy
Pick Your Bets

Rallying Cry
Rouse the Troops

People
Unleash Potential

Execution
Simplify and Delegate

Organization
Align and Collaborate

Metrics
Measure and Communicate Progress

Focus 7

考えること、話し合うこと、計画を立てることはどれもすばらしいし、必要なことだ。しかし、本当の試金石となるのは、フォローアップとアイデアを行動に変えるステップである。

これまでの「7つのフォーカス」の旅では、儲ける領域を決め、社員をやる気にさせ、社員の可能性を発揮させることについて話してきた。これらの準備が整ったら、次のステップは、具体的な形にすることだ。実行のステップは、ほかと比べるとワクワクする要素に欠ける。だが、戦略の構成要素としては、実行のステップは極めて重要である。

繰り返しになるが、「7つのフォーカス」はシンプルな以下のような原則に基づく。優先分野から外れたことは**やらない**。組織とプロセスは**単純化する**。より良い意思決定ができるよう社員に**権限委譲する**。小さく始めて、検証し、学習し、検証できたら迅速に本格展開するという形で、意思決定を**加速させる**。

こうした実行に関するテーマをクラフト中国ではどのように進めたのか。2007年のクラフト中国に時間を戻して見ていこう。

2007年終盤、クラフトフーズが、フランス企業ダノンのクッキー＆クラッカー部門を買収した。それによって、欧州で最大の人気を誇るおやつブランド「プティデジュネ」などの有名ブランドのポートフォリオが、クラフトの傘下に入った。ダノンの中国ビスケット事業の統括担当者で南アフリカ出身の元気あふれるベテラン女性、ローナ・デイビスもこの買収でクラフトに入社することになった。

当時、クラフトとダノンのオペレーションの違いは大きかった。

「中国で、クラフトはダノンよりはるかに野心的なビジョンを持っていました。例えば、クラフトはあらゆる大都市に進出し、すべての大手小売店と極めて緊密な関係を構築したいと考えており、そうしたことが極めて大きなコストにつながっていました。それに比べてダノンの企業文化はどちらかというと、「売れるなら売る」という感じでした。ダノンのほうが資本も小さく、

将来に向けた準備もあまりできていなかったと思います。クラフトはまるで正反対でした」とデイビスは回想する。

デイビスの最初の仕事は2社の事業を統合することだった。一方、クラフトの国際事業の新しい幹部は、事業変革のスローガン「少ない対象で、より多くのリターンを。絞り込もう」をデイビスに伝授した。

「どちらの会社もブランド数が多すぎました。2つ合わせると、問題の深刻さもまた倍になりました」とデイビスは言う。真の試練は彼女が新事業に参画して数カ月で訪れた。

「誰もが絞り込みのアイデアを持っていました。あの25個よりこの5個のほうがいいと。ところが、問題は実際に何かを積極的に止めようとすると起きるんです。ブランドを廃止するとか、広告を止めるとか、ブランド・マネージャーを解任するとかね。ヒトが替わり、おカネの流れが変わるときに真の試練が訪れる。経営資源の配分に踏み込むまでは、いくらでも飾った言葉で話せるし、聞く方もピンと来ないんですね。実際に経営資源を配分する段になって初めてピンと来るんです」。

デイビスは実行に真っ向から取り組もうとしていた。それは「7つのフォーカス」の最重要のステップであり、そして最難関でもあった。

洗練されたビジョンのもとに詳細まで正確に描かれた青写真として、世界で一番すばらしい戦略を手にすることはできる。カネで買える当代最高のコンサルタントからも、実績に裏打ちされたすばらしい戦略をもらうこともできる。だが、それでも紙の上の言葉は軽いものだ。一般に実行こそが成功と失敗を分けるものである。もっとはっきり言えば、成功するかどうかは9割の実行と1割のそれ以外の要素で決まる。

「7つのフォーカス」の他の要素がそうであるように、実行の4原則もごく当たり前のものに見える。だが、ビジネスでは（そして人生でも）よくあることだが、こうした原則は目先のドタバタに追われているうちに、いとも簡単に忘れ去られてしまいがちだ。

どうでもいいことはやるな

　これが「7つのフォーカス」に登場するのは初めてではないが、これほど重要なことは他にないので何度でも繰り返すことにする。つまり、絞り込みをするためには、大きな力を注いでも小さな成果しか上げられないことはやらないこと。

　あなたは、そして、あなたの事業も同様だが、同時にすべてのことに取り掛かることはできない。経営資源のメリハリの部分で強調した通り、真のポテンシャルがある分野に集中し、漫然と取り扱われてきた製品や取り組みの縮小や廃止をしていくこと。

　ローナ・デイビスとクラフト中国が20以上のブランドに力が分散した状態に終わりを告げ、少数の優先項目に注力する決定を下したのは、まさにこの原則を踏まえてのことだった。タン・チームも同じだ。チームが真っ先に取り組んだのは、小さな取り組みの多くを止め、中核商品のタン・オレンジにそこから生まれた経営資源を注ぎ込むことだった。

　どんな時であっても、現在実施していることを止めるのは難しいものだ。どんなブランド、製品、取り組みにも熱心な得意先がいるからだ。だから、リーダーは往々にして心を強く持って困難な決定を下さなければならない。成功する実行の核にはこうした規律があるものだ。スティーブ・ジョブズにはそれがわかっていた。

　「スティーブほどノイズを消すことに長けた人物はいませんでした」と、アップルのティム・クックはジョブズの伝記を著したウォルター・アイザックソンに語っている。「スティーブはそうやって数少ないことに集中し、多くのことにノーと言うことができた。これが本当にできる人はそうはいません」。

　クックが言うノイズは、あらゆる方向からやって来る可能性がある。大企業では往々にしてアウトプットに関して混乱が生まれがちだ。社内プロセスという野獣に餌をやる内向きの仕事に社員は慢性的に忙殺されている。うん

ざりさせる報告書の作成に果てしない時間が費やされ、そんな報告書が組織の冷酷な利己心のサイクルに吸い込まれていく。その有り様はまるで、まったく前進しない内燃機関のようだ。

スタートアップ企業ですら、多くに手をつけ過ぎてしまうという罠に陥ることがある。モハンはよちよち歩きの時代から助言してきたスタートアップ企業であるVモックの創業者と話をしているうちに、そのことに気づいた。

Vモックの創業者サリル・パンデは、人事採用・転職の活動とソーシャルメディアを結びつける革新的サービスを数多く創出した熱血起業家だ。そのサービスの一つ、Vモックスクリーンによって、企業と採用候補者がビデオ面接できるようになる。そして、Vモックプレップは、短い動画をアップロードし、それを見た人からフィードバックを得ることで求職者が採用面接の練習をできるようにする。

さらに、Vモック・インスタントレジュメというサービスは、採用候補者がオンライン上に履歴書をアップロードすると、即座に自動フィードバックが得られるというものだ。パンデはそれ以外にも実用化できる製品をいくつか準備しており、他にも新しいアイデアが絶えず湧き出ていた。

その結果、同社は身動きが取れなくなってしまった。パンデの小さな開発チームは、あまりにも多くの分野で前進しようとしたため、限界を超えた量の仕事を抱えてしまった。また、企業、学校から個人まで、あまりに多岐にわたる潜在顧客とさまざまなタイプの取引をまとめようとしたため営業力も弱まってしまった。

2013年秋の戦略会議で、モハンはパンデに「Vモックにとって何が最大のポテンシャルを持つ取り組みですか」と尋ねた。パンデは「インスタントレジュメです。履歴書をアップロードすると、Vモックのデータベース上の数百万通の履歴書にベンチマーキングされたスコアがはじき出され、具体的な改善のアドバイスも受けられます。このサービスはものすごく受けています」と答えた。

モハンは背中を押した。「じゃあ、なぜ、それ以外のことをやるんでしょう？ それ以外のプロジェクトは止めて、差別化できる一つの取り組みに集中すべきです」。

　はじめのうちパンデも迷っていた。同社のチームはそれまでに大変な努力と思い入れをインスタントレジュメ以外のサービスにも注いできた。だが、彼は熟考の末、それらを捨ててインスタントレジュメに集中しなければならないことを理解した。

　結果、チームは集中できるようになり、製品の進歩は速くなり、ユーザーに発せられるメッセージはシンプルになった。これが実行の最初の教訓だ。本当にやらなければならないことから気を逸らすどうでもいいことはやらないこと。

あらゆることを単純化する

　企業が大きくなると、官僚的な手続きやプロセスが積み上がり、仕事のキレが悪くなる。あなたの会社の意思決定方法について自問してみるといい。

　報告書が現場から最終的な意思決定者に届くまで、いくつの階層を経ているか？

　行動を承認するのにそれほど多くの人の手を経る必要はあるのか？

　すべての手続きには存在理由があるのか？

　社員は事務仕事で忙殺されているが、そこから大した価値は生まれていないのではないか？

　会議の出席者は多すぎないか？

　会議の数は多すぎないか？

　モハンは、当時ＡＴ＆Ｔのエマージング・エンタープライズ＆パートナーシップのトップだったグレン・ルーリーとの会話を思い出す。ルーリーは、後にＡＴ＆Ｔデジタルライフ（2013年春にＡＴ＆Ｔが開始した家庭用のセキュリティ＆オートメーション・サービス）となる事業を担っていた当時、

AT＆Tの通常のやり方をどう回避したかについて語った。

　AT＆Tは、デジタルライフのプラットフォームの構築に役立ちそうなスタートアップ企業サンブーの買収を検討していた。サンブーの経営陣はAT＆Tがどの程度、敏捷に動けるのかを懸念していた。意思決定は誰がするのか、意思決定プロセスはどうなっているか、窓口は誰で、誰と交渉することになるのかなど、サンブーからいくつかの質問が飛んできた。ルーリーの答えを聞いたサンブーの経営陣は驚いた。「わたしと取引をするだけでいいのです」。買収ディールは電光石火のスピードで成約した。

　大企業の通常業務ではあまりに多くの階層が関わるため、意思決定に果てしない時間がかかる。敏捷に動きたければ、切り落とす、階層を少なくする、単純化するなどしよう。

　単純化は会議にも当てはまる。あなたが最近出席した直近３つのビジネス・ミーティングを思い出して、３つの質問をしてみてほしい。

　まず、その会議の出席者は本当に全員、出席する必要があったのか？

　次に、本来なら事前に出席者が個別に読んでおけたはずの情報を会議の場で共有するためだけに時間を無駄遣いしなかったか？

　そして最後に、いま、行うべき対策（カルナ・キャ・ヘイ？）を話し合うはずの会議で、すでに起きた過去の出来事を分析するのにどのくらい時間が費やされたのか？

　最近、自らが取締役を務める企業のとある会議で、モハンは他の取締役とともに、会議用バインダーが詳細な600ページのパワーポイント・スライドで膨れ上がっているのを見て閉口した。それらの美しいスライドは、10人以上の管理職が延べ数百時間かけて苦労して作ったものだった。

　だが、そのプレゼンテーションは２つのシンプルな問いに答えていなかった。一つは、データの目的は何かという問い。そしてもう一つは、取締役会は何を求められているのかという問いだ。

　プレゼンテーションの大半は、戦略に関して、取締役の意見を聞き出すた

めに準備された質問というより、単に過去に起きた出来事を**報告**しているだけだと経営陣は気づいた。

以後、その企業は取締役会用のプレゼンテーションを劇的に単純化した。すべてのプレゼンテーションには、その目的と取締役会に求める決定や助言の内容をまとめた1枚のカバーページが付くようになった。会議は短く、議論の内容はより生産的になり、取締役会も助言や忠告がやりやすくなった。

忘れないでほしいのは、本当に重要なことに効果的にエネルギーを向けるようにするために、単純化や階層の削減をするということである。

権限委譲

ここ数十年、それまで伝統的にリーダーのものと思われてきた役割は変化してきた。リーダーには先見の明があり、リーダーに聞けば答えを知っているという古い考え方は、より正しい知識に基づくアプローチに取って代わり、リーダーは社員を励まし、彼らが自分の答えを見つけるのを助けるファシリテーターと捉えられるようになった。

多くの書物、コンサルティング、企業変革などで、こうした変化について語られている。

リーダーの役割が変化したのには理由がある。一つは、現代の世界が全体としてヒエラルキーに依存しなくなりつつあることだ。こうしたプロセスはインターネットの台頭でさらに加速した。

ビジネスの文脈では、こうしたロジックは明らかに実用性が高い。意思決定と責任を顧客と消費者に近いところに移し、現場の社員に結果責任と必要な裁量を与えれば、より良い結果しか生まれない。こうしたアプローチは、鏡に映った像でなく窓の外を見ることにつながる。外側の世界を見ることだ。

だが、古い習慣も態度もなかなか完全には死に絶えない。多くの大企業は依然として、本社に鎮座するボスがあらゆることに対し優れた知恵を持っているという前提で機能し続けている。

取り組みの士気を削ぐことに始まり、極め付きは、成功とは市場で競合他社に勝つことではなく、上司に気に入られることだとマネージャーに思い込ませるに至るまで、こうした古い考えは多くの不幸な副作用を生んでいる。

10年ほど前のクラフトフーズは極めて複雑なマトリックス組織になっており、責任は、機能、市場、事業の部門に分散していた。問題をさらに複雑にしていたのは、意思決定が極めて集権的になっていたことだった。

イリノイ州ノースフィールドの本社が製品価格などを決めており、プロセスには時間がかかったほか、現地社員が持っているローカル市場の豊かな知識や現地の文脈を無視して決められていた。ドイツで販売されるコーヒーの価格付けのような日常的決定ですら、シカゴの郊外で行われていた。

2006年にアイリーン・ローゼンフェルドがクラフトに入社し、ほどなくサンジェイもそこに加わると、本社は日常業務から手を引き、より戦略的な役割を果たすようになった。食品の安全性、IT、購買などの一部の決定は大規模に行う必要があるため、本社にその機能が残されたが、ローカル市場についての詳細な知識が必要な決定は権限委譲された。こうした変化は組織の敏捷性を抜本的に上げる効果があった。

こうした敏捷性はさまざまな分野で報いられたが、ここでは広報の新世界を反映したささやかな例を見てみよう。2013年、米国最大のスポーツの祭典であるプロ・アメリカンフットボールのチャンピオンシップ、スーパーボウルが、ニューオリンズの巨大インドアアリーナ、メルセデス・ベンツ・スーパードームで開催された。

クラフトはオレオの全米マーケティング・チームのメンバー数人とデジタル専門家をニューヨークのテレビ画面前に集め、試合の途中でツイートを行った。試合後半のスタート直後、スーパードームが停電した。スーパードームは真っ暗になり、試合は中断した。

ニューヨークのデジタル・チームは早速仕事を始めた。オレオの象徴である、ツイスト！（クッキーを外して）、リック！（クリームをすくって味わっ

て)、ダンク！（ミルクに浸して食べる）という由緒あるオレオ・キャンペーンをもじったツイートをすぐにひねり出した。

「停電？　大丈夫。暗闇でも浸せるよ（Power out? No problem. You can still dunk in the dark.)」というツイートが、オレオのマーケティング責任者の承認を得て停電の数分後に発せられた。

広告の業界誌『アドエイジ』によれば、その場しのぎのこの広告は発信から1時間で1万回リツイートされた。スーパーボウルの広告ポートフォリオの事後分析でも、このオレオのツイートは広く喝采を浴びた。CNETのダニエル・ターディマンは、「それは、あまりにも上出来な大胆なツイートで、完全にその晩を制覇した」と述べている。

この勝利は、ツイートの決裁権限が現場まで十分に下りており、決定がほぼ瞬時にできたからこそ得られたものだった。

どうしたらリーダーシップの役割が変化したということを社内の人々にわかってもらえるだろう？

社員の昔から植え付けられた態度はどうしたら変えられるだろう？

単純な公式はない。結局のところ、大抵の人の通常の態度は、上にお伺いを立てるか、あるいは、言い逃れ症候群に陥るかだ。だから、社員にはそのことを何度でも、何度でも言い聞かせなければならない。それでもおそらく、ほとんどの人はあなたの言葉を信じないだろう。まずは、損益の責任を与えること、そして承認を乞うマネージャーには、自分で決めること、そして、何よりも勘ぐりすぎないことを伝えることが大事である。

このようなさまざまな行動を通してフォローアップする必要がある。言い換えれば、新しく権限を持った社員が多くの過ちを犯すのをじっと我慢するということでもある。過ちがあったら少なくとも責任者にはそこから何かを学ばせよう。

ベジマイトの有名な騒動は、こうした権限委譲にまつわる格好の例だ。

オーストラリア人は酵母のエキスにさまざまな野菜とスパイスの添加物を

入れた焦げ茶色のペースト、ベジマイトを愛している。ベジマイトはサンドイッチやトーストに塗る人気のスプレッドで、オーストラリアには熱烈なファンがいる。このブランドを持つクラフトは、クリームチーズ入りのベジマイトの新製品を導入したいと考えた。

それにはネーミングが必要と考え、クラフト・オーストラリアは「ベジマイトiSnack2.0」と名付けた。そのネーミングは即座にオーストラリアの消費者に冷笑でもって遇された。間抜けで覚えにくい、さらに最悪なのは、まるでオーストラリアっぽくないとネット上でこき下ろされた。

この騒動が起きたのは、クラフト本社のまったくあずかり知らぬところだった。権限はクラフト・オーストラリアに委譲されていたから、すべてはそこで決定されていた。

当時クラフト・オーストラリアのヘッドだったジョージ・ゾグビから、この騒動がウォール・ストリート・ジャーナルの記事になると電話で警告されて初めてサンジェイはこの騒ぎについて知った。問題を解決する権限も、クラフト・オーストラリアに与えられていた。

それから4日後、クラフト・オーストラリアはiSnack2.0というネーミングを棚上げし、新名称は消費者の投票で決めると発表した。新製品には「チージーバイト」という新たな名が与えられ、騒動はほどなく収束した。

次章で詳しく触れるが、大企業のリーダーは権限委譲後も、ローカルとグローバルのバランスをうまく取り続ける必要がある。市場に一番近いところにいるマネージャーが最重要事項の決定権限を持つべきだが、専門知識、技術、研究開発、購買などの分野における親会社の経営資源は誰もが使える状態にしておくべきだ。最前線の社員に必要なツールが行きわたるようにすること。本社の経営陣の出番はそこにあるのだから。

ここでカギとなるのは誰が何をするのかについて、一切曖昧な部分を残さないようにすることだ。そのための役割分担を明確化にしておくこと。取り決めたことは厳格に守ること。例えば全社的なITシステムの導入にローカ

ルが抵抗するようなことがあれば、本社の経営陣はあくまでタフに導入を主張すること。
　クラフト中国のケースでは、本社はローナ・デイビスに損益に責任を持つのは彼女だと一点の曇りもなく明らかにした。だから、2社統合の混乱が収まった後も、デイビスは椅子の上でくつろいで次に何をやるか上司の命令を待つことは許されず、速やかにビジネス運営に本腰を入れなければならなかった。
　役割が明確化され、権限が顧客近くに下ろされた後は、本社の経営陣は身を引いて経営資源を与える仕事に専心すること。もちろん進捗状況は見守り続ける。階層の下にいるマネージャーは、自分なりのやり方で事業を運営し、大きな決定をするとき、もしくは大きな進展があったときなどには、上層部に報告する。
　上に何を知らせ、知らせないかの基準はあるだろうか？
　古典的な決まりがある。もしウォール・ストリート・ジャーナルに書かれるようなことが起きたら、掲載前にボスに報告するという決まりだ。どんな上司も部署の決定が自分に報告される前にニュースで知らされることにいい気持ちはしないものだ。

小さく始め、検証、学習を経て迅速に本格展開することで行動を加速

　戦略には大きな思考が求められる。だが、どこかの時点で全体を俯瞰する大きな思考から、**何か**をすぐに始めるという具体的戦術に下りてこなければならない。小さく始め、検証し、何がうまくいき、何がうまくいかないかを学び、うまくいくビジネスモデルが見つかったら速やかに本格展開する。それがスマートな実行には必要なことだ。
　行動を志向するが、あくまで知識に基づいた行動だ。とにかく動き始めること、そして敏捷であること。100％正しくなくても良い。走りながら修正すること。その取り組みが継続的で持続可能な成長を生み出せるという確証

を見つけよう。

　四半期ごと、半年ごとなどの短い時間枠を設けよう。それがうまくいきそうならさらに多くの経営資源を振り向けよう。うまくいかないことや減速するようなことがあれば、資源配分を減らそう。定期的に修正をし続けることである。

　大きく始め、大きく失敗することによって、実行の段階で挫折する企業が少なくない。こうした挫折の好例が、最近、名門企業JCペニーで見られた。

　割引商品と機能的な店舗で有名な小売中堅の同社は、事業をテコ入れするためアップルからロン・ジョンソンを招いた。ジョンソンには立派な実績があった。彼はディスカウントストアのターゲットで重要な役割を果たしてきたし、アップルでは自由な導線で大成功したアップルストアの立ち上げに貢献した。

　ジョンソンは特売や割引を止め、ファッションのグレードを上げることでJCペニーをテコ入れしようとした。だが、時間のプレッシャーを感じていたため、コンセプトを少しずつ試しながら学習する代わりに、JCペニー店舗での大量販売を全面的に取りやめ、全米で新プログラムを断行した。JCペニーの顧客は反乱を起こし、売り上げは激減、株価も下落した。ロン・ジョンソンはわずか就任後1年半で追い出されることになってしまった。

　行動重視の実行に終わりはない。実行は、坂の上で勢いをつけて滑り始めたら、後はソリの上にしっかり座ってさえいれば重力によって加速し、楽しい思いができるトボガン競技のようなものではない。それは、トボガン競技とは真逆で、勢い付け、ブレーキ、方向転換の絶えざるプロセスであり、最高の結果を出すには絶えざる修正が求められる。

　そして、何かがうまくいった場合、つまり持続的な利益成長が起きたらすぐやるべきことは、今度は退屈なくらいの首尾一貫性で、機能するビジネスモデルを繰り返して、絶えず改善しつつ実行を推進していくことだ。

　こうした実行の諸原則が、前章で見たタンとクラフト中国の事例の中でどう実践されたかを見ていこう。

モメンタムを活用したタン

　タン・チームは、どうでもいいことをやるのを止め、小粒の事業を廃止して、タン・オレンジに集中することで、ほぼ瞬時に成功を生み出した。余計なことを止めたおかげで、いわば、イノベーションのための余白のようなものが生まれた。とくに新パッケージの分野と「キッズ、ヘルス、サステイナビリティ」のテーマで構築したマーケティング分野でイノベーションは生まれた。

　次の課題は、どうモメンタムを維持して持続的成長を作り出すかだった。成功の大部分は、役割の明確化と権限委譲にかかっていた。

　タン・チームは、消費者についての一つのインサイトから始めた。タンを水の補完機能として位置づけることで、訴求力を広げられるというインサイト、「タンは水をエキサイティングにする」である。これは他の飲料とタンの違いを強調するポジショニングだった。

　こうしたインサイトで武装したチームは、ローカルの味覚に合った新フレーバーを開発することで、この由緒ある粉末飲料の市場拡大を図ることに決めた。そのためには、クラフトのグローバルな技術資源や粉末飲料の製造に関する専門知識を活用する必要があった。

　一方、新フレーバーの決定はローカル・マネージャーが全体をリードし、現地の市場調査によってテスト用フレーバーを見つけることにした。言い換えると、消費者に最も近いところにいる社員が現地で何を売るか決め、クラフト本社のエンジニアたちがそのための粉末を作るということだった。これは当たり前のことのようだが、実際には企業の意識改革が必要だった。

　最終的に選ばれたフレーバーに、タンが消費される地域の文化が反映された。例えば、メキシコのフレーバーはタマリンド味と「オルチャータ」味（ライムとシナモンで味付けした現地の伝統的飲料）となった。また、フィリピンではマンゴー味のタンが作られ、ブラジルではパッションフルーツ味とサワーソップ味（地元のフルーツ）、中東ではパイナップル味とレモンミント

味のフレーバーが作られた。

　そして、これらすべては発売前に小さな市場でテストされた。新フレーバーは利益率改善につながるのか、それとも単なる気晴らしにすぎないのか？「クリエイティブで革新的なすばらしい製品を売り出しても、もし、それが消費者に受けなければ全く意味がありません。そして、消費者に受けるかどうかは、テストするまでわからないのです」とクラフト中南米のトップであるギュスターボ・アベレンダは言う。

　タン・チームは小さく始めて迅速に本格展開するアプローチを他の取り組みにも広げた。例えば、タン１杯分の粉末をボアト社製の小袋入りにするパッケージの試みは、ブラジルでヒットした。こうしたパッケージに関するイノベーションは、その後世界中で24以上の製品ラインに拡大された。

　タン・チームの権限委譲は自社の枠を超えて、提携企業にも広げられた。クラフトの主力広告代理店はオグルヴィ・アンド・メイザーだった。クラフトはオグルヴィに対し、どんな人物でもいいから最も有能な人材を選んで、その者にブラジルのタン・チームを担当させるよう求めた。

　クラフト本社の経営陣はブラジル事業の動向について常に情報は得ていたが、意見は求められず、決定を承認する必要もなかった。オグルヴィは楽しいコマーシャル・シリーズを制作した。そのコマーシャルはその後アルゼンチンやメキシコなどの他の市場にも拡大した。

　世界的に最もよく売れるタンがオリジナルのオレンジ風味であることに変わりはなかったが、ローカルの新フレーバーは新興国市場のタンの売り上げの約25％を占めるようになり、タン・ブランドの拡大に計り知れないほど貢献した。

中国におけるオレオの成功

　おそらく、中国でのオレオの経験ほど、実行の成功を体現した例は他にないだろう。ローナ・デイビスの就任前にクラフト中国のトップだったマーク・

クラウスは、オレオを「他の製品を売るための引き金」と呼んでいる。それ故に、オレオが、クラフトの中国事業の急成長にいかに火をつけたかということをより詳しく見ていく価値がある。

クラフトはアメリカを象徴するこのクッキーを1996年に中国で売り始めた。市場はそこそこのスピードで成長したが、ヒットにはほど遠く、中国国内のシェアは4％足らずだった。「我々が中国の消費者に売っていたのはアメリカのブランド、アメリカのビジネスでした」とクラウスは説明する。

ちなみに、クラフトの研究開発部門は中国市場向け製品の改善を提案していた。例えば、ほぼ偶然に（くわしくは後述）、研究開発部門は甘さを少しだけ抑えた、アメリカ人ほど甘いもの好きでない中国の消費者の口にも合うバージョンを作り出していた。また、クラウスのチームは、オレオのパッケージを小型化して、低価格で売ることを考え出した。「当初はオレオを高級商品だと考えていたように思います」とクラウスは言う。

だが、このプランについては、上層部から必要な承認を得られなかった。事態は悪化し、とうとう本社からは、「中国市場からオレオを引き揚げよ。うまくいっていないのだから」という言葉が出てしまった。

オレオが10の優先ブランドの一つに選ばれるとすべては変わった。クラフトの経営陣は、意思決定の裁量権を組織階層の下方に下げた。突然、クラウス、そして後にデイビスとウォレンは、クラフトの中国事業の運営を最前線である現場で決める権限を与えられた。こうした自由を得た中国チームは、製品と価格帯を改定し、オレオをより多くの消費者の嗜好に合わせなくてはならないと考えた。

そして、より魅力ある価格帯のパッケージが導入されることになった。（14枚から7枚に）小型化したことで、豊かさを増しつつある中国の消費者のより幅広い層にオレオは売れるようになった。「中国の消費者にとり、グローバルブランドの商品の購入は、成長と豊かさに向けた個人的な旅の一部と捉えられていました」とクラウスは言う。

また、中国チームは、甘さ抑えめのオレオも導入した。だが、この成功の

裏話は少し複雑で、それ自体、実行の成功についての教訓となる。「中国工場のオレオの製法で困ったことがあると研究開発部門から言われました。アメリカのオレオと瓜二つに作ろうとしたのですが、アメリカと中国では小麦粉が違いました。（中国では）何もかもが、少しずつ違っていました。その結果、出来上がったクッキーは少し甘みが足りなくなってしまったということだったんです。それが逆に良かったのですが」とローナ・デイビスは言う。

　言い換えると、中国のオレオが甘さ控えめになったのは、ある程度は幸運だったといえる。

　「何かが起きると、人はすぐ陰謀か、しくじりのどちらかだと考えるとイングランドの上司がよく言っていました。しかし、人はどちらかというと陰謀説が好きです。そのほうが、巧妙な感じで、ありそうに見えるから。でも、実際にはこの世で起きる大半のことは、単なるしくじりなんです。この仕事を長くすればするほど、多くのことは、運で説明できると思うようになりましたね」とデイビスは笑いながら語る。

　彼女は正しい。だが、それが実現されたのは現場に権限が委譲され、新しい味を使えるか試したいという意欲がクラフトの側にあったからだ。言い換えると、運がもたらした恩恵を活用できたのは、細心の実行があったからだといえるだろう。

　その後もクラフト中国は次々とオレオのイノベーションを打ち出した。今日、中国のオレオのクリームは、いちご味や緑茶味など、さまざまな地域限定のご当地味がある。

　また、マーケティングも拡大し、同時にやり方も変わった。中国チームは元NBAスターの姚明（ヤオミン）をテレビコマーシャルのシリーズに使いたいと考えた。

　決定権は誰にあるのか？　何といってもオレオはグローバルブランドであり、コマーシャルにどんな有名人を登場させるかはブランド全体の評判に影響する可能性があった。決定したのはクラフト中国だった。ノースフィールドの上層部はただ事後的に決定を知らされただけだった。

この決定は報われた。新しいコマーシャルは（「理性」の対義語である）感性に訴える広告に中国人消費者の反応が徐々に高まっていた流れを捉えるものだった。

　「極めてパワフルな鉱脈を当てたと思いました。一人っ子家族の中国人にとって子どもとのつながりはとても大切だからです。そしてオレオが子どもとつながる言葉を与えてくれたのです。中国の消費者がどれほど『ツイスト！（クッキーを外して）、リック！（クリームをすくって味わって）、ダンク！（ミルクに浸して食べる）』、そして、子どもと一緒に座って、1枚のオレオを分かち合うというアイデアにのめり込んだかを知り、衝撃を受けたことを思い出します。これほど人の心をつかむ広告をわたしは見たことがありませんでした」とデイビスは言う。

　オレオは中国でシェア13％、売り上げナンバー1のクッキーとなった。この成功により、2006年に2億ドル未満だった新興国市場のオレオの売り上げは、2012年には10億ドルに成長した。

　白紙小切手などの刺激にオレオがうまく反応し始めた頃、オレオをさらに大きくするにはどうしたらいいかということに優先事項は移っていた。オレオ・ブランドは成長の好循環（第11章参照）に入っており、成長は自律的に持続するようになっていた。その伸びは市場全体の伸びを上回り、利益率も平均以上だった。

　さらに、オレオには消費者と強い感性的なつながりがあった。オレオには魂があったから景気や原材料価格の変動にも揺さぶられにくかった。

　タンとオレオのチームは、ブランドに対する大きく大胆な賭けが報われるようグローバルとローカル双方のレベルで努力した。次章では、こうした成功を可能にする組織構造について詳しく見ていこう。

住む世界が変わったらどうするか

　もし市場が激変したらどうすべきか？

主力事業が突然、存続の危機に直面したら？

砂に首を突っ込み、問題が通り過ぎるのをひたすら待っているようではいけない。過去にうまくいったことを漫然とやり続けて問題を切り抜けられることなどない。ノキア、コダックなど、ビジネス界では猛スピードで劇変する市場で起きた企業の悲劇は枚挙にいとまがない。

市場の激変。それこそがまさに、洗剤を主力事業としていたインドのユニリーバで30年前に起きたことだった。

当時、英蘭合弁のコングロマリットのユニリーバには、「サーフ」という成功したブランドがあった。サーフはトップエンドに位置するブランドで、繊維を白く洗い上げることで有名だった。だが、サーフはハイエンド層の比較的小さな市場しか制覇していなかった。

インドの多くの消費者にとって粉末洗剤は手に届かない高級品だった。農村部の多くの人は依然として、河や流水のある場所でノーブランドの洗濯石鹸を使って服を洗っていた。

そこへ、起業家精神に富んだインド人化学者、カルサンブハイ・パテルが（自分の娘の名前にちなんだ）ニルマという名の安価な洗剤の製造方法を発明した。ニルマは、人口ピラミッドの底辺を狙った製品だった。ニルマはサーフの3分の1以下の値段で汚れをそこそこ落とす機能を消費者に提供した。

キャッチーな広告コピーを中心とした攻めのマーケティング・キャンペーンの力もあり、ニルマは小粒の地域ブランドからインドの大手企業になった。1985年までにニルマは販売量で世界最大の洗剤ブランドになろうとしていた。

ユニリーバはどうするべきだろう？

サーフが苦しくなりニルマが急成長していたのは、ちょうどサンジェイがヒンドゥスタン・ユニリーバ（HUL）のインドの洗剤担当マネージャーとなり、英国からインドに帰国したときのことだった。

HULが最初に行ったのは、コア事業に目を向け、サーフの成長を図り、

利幅を改善することだった。HULの研究開発部門はサーフの品質を改善し、同社はサーフを値上げした。その後、ラリタジという生真面目な主婦を主役にした大型広告キャンペーンを張って、ブランドのテコ入れを図った。ラリタジはサーフの価値を体現する女性となった。サーフは成長を始め、利益率は改善した。

　だが、依然ニルマの問題は解決していなかった。HULはいくつかの選択肢に直面した。その一つは、新たなライバルを無視するというものだった。たしかにニルマは新しい市場を切り拓いたかもしれないが、それはHULが展開していた市場ではなかった。ニルマのローエンドの顧客が、より洗練されて経済的に豊かになれば、いずれサーフに乗り換えてくれるかもしれない。

　いずれにしても、HULにはニルマと価格競争できるだけの準備はなかった。たとえできたとしても、わずかな利益のため、ニルマと競争することにどんな意味があるというのだろう？

　反面、ニルマは真の脅威となる兆しがあった。ニルマのブランドはすでに確立されており、今度は高級セグメントでHULに競争を仕掛けてくる可能性が高かった。その場合、おそらくニルマの消費者は馴染みのニルマ・ブランドにとどまり続けるだろう。HULが手をこまねいていれば、将来的には殺されてしまうかもしれない。

　それにしても、インドの消費者市場がこれほど大きく成長する中、なぜHULはいつまでも小さなハイエンド市場で満足していなければならないのだろうか？

　結局、サンジェイのチームはニルマに真っ向から戦いを挑むことを決めた。だが、最初は静かに、隠密な動き方をした。成功のカギは、ニルマを真似るのではなく、それに改善を加え、同一価格かそれに近い価格に抑えて売ることだった。

　また、激変する市場で戦うためのベストの賭けは、巨大企業ユニリーバの既存の強みをフル活用することだとチームは認識していた。ここでユニリー

バの強みとは、粉末洗剤の製法に関する専門知識と技術的優位性だった。サンジェイのチームは、「低価格品は必ずしも低品質を意味しない」という最重要の原則に則って動いた。

ローカル、小規模かつマルチファンクショナルなチームが、「STING＝ニルマの成長を阻む戦略（Strategy to Inhibit Nirma's Growth）」というプランを立ち上げた。ユニリーバの国際部門の研究チームは、あらゆる特性でニルマを上回る低価格の洗剤を作り出した。ユニリーバの新製品は、ニルマよりとくに手荒れを防ぐ点で優れており、服にも優しかった。新製品のマーケティングと流通は、現地の権限で実行された。

インド・チームはこの洗剤をホイールと名付け、小規模なテストを行った。これが好調な兆しを見せたため流通は拡大された。ホイールのマーケティングは、インドで企画製作された今風の刺激的なキャンペーンを用いたもので、ニルマと同じ土俵で競争した。

ホイールは直ちに消費者に受け入れられ、ほどなくローエンド市場でニルマに挑戦するようになった。今日、大きな成功を収めたホイールは、HUL最大のブランドの一つである。

ほぼ絶望的な時期に始まったホイールの成功物語は、劇的かつ迅速な対応の必要性を物語るものだ。解決策は、まるっきり新しいビジネスモデルを作るところにある。価格、製造コスト、流通、マーケティング等、ホイールはあらゆる側面で、サーフとは違っていた。収益モデルは「高価格／少量」から「低価格／大量」に移行した。

HULの他の事業より、はるかに低コスト体質で慎ましく製造されており、運営方法も異なっているホイールは、果たして既存事業と統合されるべきか、別の部署で運営されるべきか、当初、議論になったことがある。懸念されたのは、既存事業に組み込まれて付随コストがかかるようになればHULはホイールで儲けを得られなくなってしまうということだった。

サンジェイのチームは、ホイールを別の事業部としつつ、技術、研究開発など、HULの規模や経営資源を活用できる分野では、母艦との関わりを残

すよう最終的に勧告した。ここでのポイントは、新設の小規模企業の低コスト体質を保ちつつも、大企業ならではの強みも活用されるようにしたことだ。

ニルマと戦った甲斐はあっただろうか？ ホイールの利幅はサーフより小さいが、売り上げははるかに大きい。より重要なことは、ホイールはニルマの成長にチャレンジする役割を果たしたということだ。それから30年を経た今日、ユニリーバはインドにおけるカテゴリー・リーダーの地位を保っている。

この事例からはいくつかの教訓が得られる。

- たしかに勝てるところに集中しなければならないが、市場が激変する局面では、集中すべき事業領域の再定義が必要となる。これは必ずしも主力事業を捨てることではなく、自らの強みを活かしつつ、市場の新しい標準へ順応することを意味する。その結果、新製品を発売したり、新たな流通システムを構築したり、新たな製造工程を実現したりする必要性が生まれるだろう。その際に大切なことは、小さく始め、検証、学習し、良い結果が約束された時点で迅速に本格展開するということだ。

- ライバルから学ぼう。HULはニルマをコピーした訳ではないが、その経験からは学んだ。学びを踏まえ、同じ土俵で戦うのにユニリーバの強みを使った。

- 組織にとっての最大の脅威は自己満足だ。リーダーは社内に破壊者が登場することを奨励し、何かをしなければという雰囲気を醸し出すことで、絶えざる実験や検証に社員を駆り立てること。

- 理想的には、自分にとって必要だということを消費者自身がまだ知らないような製品、サービス、体験を提供する新市場を創造するプロセスの真っただ中に自分自身を置くことである。

ステップ5　実行：
単純化し権限を委譲する

FIVE KEY TAKEAWAYS
5つのポイント

1 実行を伴わない戦略は意味がない。アイデアを行動に移すところでリーダーの真価が問われる。あまりに多くのことを実行しようとする時、トップからあまりにも多くの決定がなされる時、そして、それがあまりに多くの階層を経由して伝えられる時、実行は頓挫してしまいがちになる。

2 実行を加速するには、どうでもいいことはやらないこと。大した貢献がなく、エネルギーを吸い取るだけで、真に大切なことをできなくするような取り組みは、縮小するか廃止する。

3 単純化する。官僚主義を廃し、意思決定の階層を減らし、情報の社内普及速度を上げる。

4 権限委譲する。顧客に近いところに意思決定と責任を移し、現場の社員に結果責任と必要な裁量権を与える。

5 小さく始め、迅速に本格展開する。100％正しくなくても良い。走りながら、検証、学習、修正すること。ビジネスモデルが機能するということならば、絶えず改善を加えつつも、退屈なくらい一貫性をもって実行すること。

第8章

組織:
調整し協働する

Focus 7

- **Discovery** — Search for Growth
- **Strategy** — Pick Your Bets
- **Rallying Cry** — Rouse the Troops
- **People** — Unleash Potential
- **Execution** — Simplify and Delegate
- **Organization** — Align and Collaborate
- **Metrics** — Measure and Communicate Progress

これまでのところで、戦略的取り組みに関して、スキルと人材のマッチング、権限委譲、実行を成功させることについて語ってきた。社員は当然ではあるが、真空の中で生きているわけではない。彼らは企業という組織の一員であり、同時に組織の構成要素としての事業ユニット（機能や部門をベースにしている）に属している。通常業務の場合は、一般的に求められる効率性の水準で業務をこなすことで十分なのであるが、成長戦略と通常業務は別物である。成長するためには機会を捉えることが必要である。

　本章では、機会の方向に組織をどう向かせていくかについて語っていきたい。機会志向の組織を作るのが、「7つのフォーカス」における次なるステップである。それには敏捷さが必要であり、競争優位を確立するにはグローバル化とデジタル化の力を梃子として活用することが求められる。また、「救いようもなくローカル」と「何も考えずにグローバル」のあいだのちょうど良いバランスについても話したい。

　一つ警告させてほしい。壊れていないものを直す必要はない。ただ変えるためだけの組織再編はしないこと。絶対に必要でない限り、根治手術はしないこと。また、組織再編を毎年到来する台風のような定例イベントにしてもいけない。

　売り上げが横ばいで利益が減った。さあ再編だ！
　新しい経営陣がやってきた。さあ再編だ！
　コンサルティング会社に本社集中が進みすぎていると言われた。さあ再編だ！
　今度は逆に分散が進みすぎている。さあ再編だ！

　あまりに多くのリーダーが組織再編をあらゆる病につける万能薬にしている。あるいは、慌ただしく立ち回ることで、変革に向けた自身の本気度を周知させようとしようとしているのかもしれないが。

　絶えず変化する市場環境や新たな企業戦略に応じて、時として、事業も変わっていかなければいけない状況に置かれることも事実である。しかし組織再編には細心の注意が必要である。絶えず組織が再編され続ければ、社員は

常に不安な状態に置かれることになり、関心が内向きになる。企業全体の生産性が落ち、社員の離職率が上がり、業務を通じて営々と築き上げられてきた知識と人間関係が失われてしまう。

　覚えておいてほしい。運命を変えたいと思えば、じっと動かず、黙々と実行しなければならないときもあるということを。退屈なくらい一貫性を持って同じ方向に動き、ひたすら実行に励むこと。戦略に最後まで演じきるチャンスを与えることだ。

　もちろん、技術、市場、競争の構図に劇的な変化が起きたときなどは、抜本的な組織再編が戦略上必要となることもある。10年以上、モハンがコンサルティングしてきたマイクロソフトは、まさにこうした状況に直面していた。

　ハイテク業界の巨人マイクロソフトは、昔から製品志向が高い会社だったが、個人、企業向けのさまざまなアプリケーション用のソフトウェアとプラットフォームを開発してきた。同社は、マイクロソフトオフィス、ウィンドウズ、ウィンドウズサーバー、Xボックスなどの超大型商品でとてつもない成功を収めていた。12以上の製品やサービスそれぞれが年間10億ドル以上の売り上げをもたらしていた。

　近年マイクロソフトの市場は大きく変わった。クラウドコンピューティングによって、ソフトウェアは、サービスとしてネットワークで提供されるようになってしまったし、またモバイルデバイスが急成長したせいで、PC用ソフト販売という同社の従来の主力事業が脅かされるようになってしまった。

　顧客は自分の好きなやり方、好きな場所で働いたり遊んだりできるサービスとデバイスを求めるようになった。個人と企業が高い価値を生む活動に使えるような何かをマイクロソフトは提案しなければならなくなったのである。

　こうした破壊的変化を起爆剤とし、マイクロソフトは「ソフトウェアとプラットフォーム」の企業から「デバイスとサービス」の企業へと生まれ変わる野心的な計画を発表し、自社のさまざまな製品サービスを個人や企業のソ

リューションにつなげていこうとした。こうした方向は理屈にはかなっていたものの、実行するためには新戦略の方向に合わせて、組織全体を再編成する必要があった。未来のサービスとデバイスを生み出していくためには、複数の製品グループが協力していかなければならなかったのである。

　長年、複数の事業部門の緩いつながりの連合体として運営されてきたマイクロソフトは、2013年夏、創業以来、最大級の抜本的再編を発表した。新たな組織構造は、社員を「ワン・マイクロソフト」の下に結集させることをねらったものだった。

　ウィンドウズなど主力製品中心の組織は廃止され、オペレーティングシステム、デバイスなど、専門領域に沿って組織が作られることになった。同社で初めて、特定の技術に関するすべてのエンジニアの専門性が一つの傘の下に集約された。例えば、OS（オペレーティングシステム）エンジニアリング・グループは、PC、タブレット、スマートフォン、テレビのOSに取り組み、これまで以上に統合された顧客体験の創出を目指すことになった。

　抜本的組織再編が求められる時もある。しかし同時に、それはリスクを孕んでいる。ビジネスを脱線させないためにも、細心の注意を払いながら実施されなければならない。

機会志向の組織

　今日、有名企業の多くが組織横断的な成長機会を追求する社内グループを設けている。組織横断的な成長機会は、こうした部署の存在なしには縦割り組織の割れ目からこぼれ落ちてしまうからだ。これは集中の理念を組織に当てはめたものだ。通常業務の遂行という得意分野がある組織の全体を変えようとしてはならない。その代わりに**成長機会に特化した組織**を作り出すことができる。

　例えば、IBMはまさにそのことに必死で取り組んだ。IBMの元戦略担当バイスプレジデントのマイク・ギルシュは数年前、ケロッグビジネススクー

ルで同社のエマージング・ビジネス・オポチュニティ（EBO）プログラムでの自らの経験を語った。

ギルシュによれば、IBMは短期的な成果をもたらす実行ばかりを重視し、これまで戦略的な事業構築に十分な価値を置いてこなかったことに気付いた。IBMは既存の製品サービスを既存の市場に提供することには長けていたが、新しい市場で新規事業を構築するのは苦手だった。ゲームのルール自体を変えてしまうような事業機会を追求する組織的アプローチが欠けていたのだ。

2000年にIBMはエマージング・ビジネス・オポチュニティ（EBO）という部署を社内に複数作り始め、それらの部署に、利益を生み、5〜7年のうちに10億ドル事業に育つような「空白」の成長機会を見つけ出し、追求させるようにした。

各EBOは関連する事業部門の傘下に置かれたが、特別な扱いを受けた。EBOには「チャンピオン」と呼ばれる担当役員が1人ずつ配属され、特別なサポート体制と全社的に足並みをそろえるためのはっきりとしたメカニズムが敷かれ、専用の資金が与えられた。また、評価方法も通常の事業とは違っていた。EBOの評価の主眼は売り上げ目標の達成ではなく、戦略のマイルストーン（中間目標）を達成することだった。

2006年までにIBMは25のEBOを創設。それらのEBOは、ブレードサーバ、ビジネス・プロセス・インテグレーション、フレキシブル・ホスティングサービス、ストレージソフトウェア、グリッド・コンピューティング、インフォメーション・ベイスト・メディシンなどの新規事業を立ち上げた。

5つのEBOが10億ドル以上の売り上げを計上した。25のEBOのうち、3つが失敗したが、残りの22はIBMの売り上げ全体の15％以上を占めるに至った！

もしIBMが機会志向の組織を作らなかったならば、こうした空白の成長機会を、迅速に、集中し、柔軟に追求することはできなかったのではないか。

協働ネットワークの創出

　機会志向の組織をどうやって作るのか？
　同じ目的のため四方八方から人が結集したチームで作る協働ネットワークの活用は、今という時代にビジネスを繁栄させるための組織化に関する原則の一つである。今日、何らかの協働ネットワークなしでの大規模な事業の取り組みを想像するのは難しい。
　もちろん、協働ネットワークは偶然に生まれることもある。壊された壁はただ一つ、社内の部門を隔てていた壁だけだったという場合もある。そして、それを作り上げるための魔法の公式はない。
　とはいえ、モハンは、どんな企業でも機会志向の組織を作る際に指針となりうるような青写真を作った。そのカギはイノベーションハブを作ることだ。ハブは、革新的な取り組みを孵化させ、立ち上げ、拡大していく触媒となる。
　イノベーションハブは、注意深く選ばれた少数（多くても一度に３つか４つ）のプロジェクトに集中し、**少ないことを、大きく、大胆**にという原則に従う。ハブがあれば、企業はプロジェクトに経営資源を配分して将来の見通しを立てることができる。
　さらに、イノベーションハブを作るに際し、運営モデルの欠陥を解決するまでに時間がかかるのは当然だ。だからこそ、経験を通してモデルが洗練されることを待たずに、多数の取り組みに着手するのではなく、「構想は大きく、しかし、小さく始める」ほうが良いのである。
　イノベーションハブで採用されるプロジェクトは注意深く選定されなければならない。次のような特徴を考慮したい。

1. 自社にとってゲーム・チェンジャーとなる可能性があること
2. 複数の事業ラインと地域の間で協働を必要とするものであること
3. 自社の既存の事業にとって、潜在的に破壊的な要素があること
4. 通常業務のマインドセットと文化では実現不可能なものであること

5. 切迫感をもって追求する必要性があること

　プロジェクトは経営陣の意見に基づき選ばれる。それらのプロジェクトが、戦略に沿っているかどうかを最終的に見極めるのはCEOだ。プロジェクトチームは、経営陣が指名するポテンシャルの高い人材で構成される。チームメンバーは最低1年間、プロジェクト専任となる。
　チームは、経験豊富だったり、若かったりといういろいろなタイプの4～6名の中核メンバーのほか、少なくとも社外のメンバー（コンサルタントか学者）が最低1名は参加する。理想的には、さまざまな事業ラインや部門からメンバーを集めて、多様な観点と専門知識が得られるようにする。
　プロジェクトチームは自主的に運営される。社内の様々な部門の出身者が顔を突き合わせて交流できるよう、複数のチームが同じ場所で仕事をするようにしたらいいだろう。
　取り組みの概要、顧客に対する価値提案、企業にもたらされるメリット、展開と検証のアプローチ案、スケジュール案、必要な財務資源、開始後90日後のマイルストーンなどを記した（最大2～3ページの）簡潔な事業企画に基づき、チームにはシードマネーが与えられる。マイルストーンのコミットメントが達成された時点でさらなる資金が与えられる。
　プロジェクトの進捗状況は、月次レポート、コーチングのセッション、および、経営陣との四半期ごとのマイルストーン・ミーティングでモニタリングされる。日常的な管理については、本社経営陣と外部専門家1名からなる運営委員会が行う。イノベーションハブは社内で積極的な売り込みをする。チームに選ばれるのは名誉であり、たとえプロジェクトが失敗しても汚名を着せられることはないことを強調して参加候補者の説得に当たり、適材を呼び込む。
　経営陣はプロジェクトの進捗状況を細かくモニタリングする必要があるが、適材によるチームができたら邪魔をせず身を引いて、その後はチームに必要な経営資源が確保されるよう気を配る。それがキーポイントだ。

コミュニケーションネットワークを通じた協働

　最高のアイデアを持つ最高の人材は、世界のどこにいようと、どんな組織階層上の立場であろうとお互いつながっているべきだ。

　だが、縦割りのサイロ的組織が、現実の姿である。企業はまるでエレベーターのようだ。情報は階層の上下には伝わるが、縦割り組織同士で水平にスムーズに行き来することは滅多にない。これは問題である。イノベーションには偶然の出会いが必要で、それには隣り合ったブースや部署だけではない、広いつながりが求められるからだ。社員はインサイト、アイデア、有用な情報を持っているかもしれない人物にリーチし、その人とつながる必要がある。

　そこでソーシャルネットワークの出番となる。フェイスブックではない。壁を超えた社員のつながりを作り出し、知識や専門性の共有を助けるため、企業が作る社内ソーシャルネットワークだ。

　最近、ケロッグビジネススクールにおいて、ボーイングのCEOであるジム・マックナーニと話をした際、ボーイングが社内の壁を超えて数万人のエンジニアを協働させるのにどのように技術を活用したかを説明してくれた。

　時として、ボーイングのエンジニアには、「どうしたら、特定のトピックスに詳しい人物を見つけられるだろう？　今やっている仕事をすでに誰かがやっているかどうか、どうしたらわかる？　他の作業グループで自分と同じ技術を使っている人をどうやったら見つけられるだろう？」などのシンプルな疑問が湧くことがあった。問いはシンプルだったが、それに答えられる人は、数千マイル離れた所の部署に埋もれているかもしれなかった。

　こうしたことに対するボーイングの解決策がイントラネットサイトの「inSite（インサイト）」だった。inSiteは全社員がIDを持ち、フェイスブックやLinkedInのようにプロフィールが作れる。このサイトは、人を探したり、質問したり、意見を発信したり、情報を共有したりする中心広場の役割を果たす。

　より重要なことは、inSiteが同じ専門分野を共有する専門家グループであ

る「実践コミュニティ」をはぐぐむ土壌を提供したことだった。2009年の開始以来、8万3,000人のボーイング社員がinSiteを日常的に活用している。

これから挙げる例は、協働ネットワークの力を如実に表すものだ。

2010年1月28日午後7時38分、ワシントンのユーザーが質問した。「駐車場フロア地図にラージツールをマップする一番いい方法は何ですか？」。翌朝3時に南カリフォルニアのユーザーが回答した。午前7時25分にはワシントンのユーザーが追加コメントを投稿した。2時間後、バージニアのユーザーが先に入った回答を確認するコメントを入れた。合わせて24時間以内にこうした知識が全社的に行きわたった。

さらに重要なことは、ボーイングの社員全員がこの知識を知りたくなったときにアクセスできるよう、このやり取りが保存され文書化されたことだ。

ボーイングのinSiteネットワークには、必要なときにさまざまな目的でアクセスできる。しかし、ブランド、イノベーションの取り組み、市場などに関して作られる協働ネットワークは、それ以上にきちんと作り込まれた目的志向のものでもいいかもしれない。

例えば、マイクロソフトには「デジタルリード」のコミュニティがある。「デジタルリード」とは、世界の子会社群に属しているデジタルメディアとソーシャルメディアの専門家で、リアルまたはバーチャルで集まり、同社のソーシャルメディア・マーケティングのフロンティアについて取り決める人々のことだ。

また、クラフトでは「グローバル・カテゴリー・チーム（GCT）」という、製品カテゴリーの協働ネットワークが作られている。GCTはビスケット、ガム、キャンディに関する戦略開発を担うチームだ。GCTの各チームは、本社の専門知識とスケールメリットを活用したい少数のプロジェクトを「少ないことを、大きく、大胆に」の精神で管理する。

また、損益の責任がある小さな国別レンズとは異なる世界的なカテゴリー・レンズを提供する（これら2つのレンズは往々にして違う観点をもたらし、どちらかを選ぶよう迫る。これはより難しい選択だ）。

協働ネットワークを立ち上げて維持管理していくには、「7つのフォーカス」の全ステージと同じようなリーダーの規律が求められる。ネットワークを成功させるための原則を見ていこう。

協働ネットワークの諸原則

単なるコミュニケーション・システム以上の、プロジェクトの孵化をねらう協働ネットワークは、国際的大企業だけのものだと思われがちだが、それはスタートアップ企業にとってこそ極めて重要なものになりうる。創業者が1名か2名で強いメンバーとなり、外部の専門家やサプライヤーと協働することになる。

例えば、ニュージャージー州ハドンフィールドの3名の創業者が運営するスタートアップ企業は、イスラエルのIT企業や中国の工場とつながる必要があった。役割や責任に関する原則などは、細心の注意で取り決められるべきもので、基本的には同じである。協働ネットワークのカギとなる原則は次のようなものだ。

明確性：誰が何をやるのか、責任の所在がどこにあるのかについては完全に明確にしておく必要がある。どんな決裁権限が誰にあるのかを事前にはっきりさせることも含まれる。早い段階で、経営陣も交えて役割分担のテンプレートを創るべきである。

細部へのこだわりに長い時間を費やすことは避けるべきだが、責任の所在とスケジュールは、細かく丁寧に文章化しておく（RAMとかRACIと呼ばれる[3]典型的な責任明確化のマトリックスには注意すること。複雑なフォーマットを埋めることそれ自体が目的化してしまう）。テンプレートの作成後は中核のプロジェクトチームが進捗状況をしっかりモニタリングすること。

---

3 プロジェクトにおいて各人の役割を明確にするためのフレームワーク（訳者注）

柔軟性：デジタル化とグローバル化の連続パンチは、オフィスの立地の重要性を骨抜きにし、フレキシブルなスケジュールを可能（というか必然）にした。ネットにつながってさえいれば、社員は自宅など、どこにいても仕事ができる。無論、中心となるべき施設が必要な活動もある。

例えば、製品の研究には通常、研究室が要る。だが大半のプロジェクトは本拠地のオフィスに縛られる必要がない。働く曜日や時間すら決まったパターンに従わない。チームメンバーが地球の裏側にいる場合、当然ながら、勤務時間をフレキシブルにすることが不可避の条件となる。

もちろん、社員が自宅勤務すれば、企業はフェース・トゥ・フェース効果、つまり、同じ部屋で仕事をしたり、ウォーターサーバーの周りで偶然出会ったり小話したりすることで生まれる創造的なひらめきを失うことになろう。だが、社内でたまにひらめきが生まれる効果は、才能ある人材を勤務当番表に縛り付けて良しとするデメリットより小さいかもしれない。

いずれにしても、日進月歩の動画技術に人々が慣れるにつれ、実際のところ、バーチャル空間でも創造的なひらめきは、あふれ出てくるだろう。

多様性：この言葉はあまりに使い古されたため、多様性とは競争優位性であるという基本が時として見過ごされがちだ。多様であることから、さまざまな観点、インサイト、スタイルがもたらされる。最も基本的なビジネス用語で言えば、それはアイデアの市場を拡大させるということである。「どれがベストか、競争させてみよう」というように。

グローバルな環境で言う多様性とは、多様な国籍、文化、性別、人種のことであり、極めて多様なモノの見方が提供されれば、意思決定にとっては間違いなくプラスである。ユニリーバにサンジェイが在籍していた時代の初期の上司の一人、ロバート・フィリップスは、部下のマネージャーに最初のミーティングでこう言った。「もし君たちが皆、わたしに賛成なら、そんな部下は要らない」。

過去数十年にわたり、女性は力強く着実にビジネスの世界に進出してきた。

だが彼女らの企業内の出世スピードは、本来あるべきスピードから程遠い。こうした状況を変え、多様性を受容するのは経営陣の役割だ。女性を受け入れることは、健全なビジネスの原則にも則っている。女性の観点とスタイルに価値があるという点は疑いようがない。

もちろん、女性には同じ職場の男性陣と少なくとも同じくらいの才能とスキルがあるが、時として女性がもたらしてくれるメリットはより繊細なものだ。これを雄弁に物語る愉快なエピソードを、サンジェイはクラフト入社後すぐ体験した。

クラフトの新しい社風に十分に慣れていなかったある男性社員が、自分の所属する部署の美点を重々しい口調で語り始めた。人々はうんざりした様子だった。とうとう、クラフト・ディベロッピング・マーケットの人事部長で、愛想は良いが歯に衣着せぬ物言いをする女性、ダイアン・ジョンソン・メイがはっきりと、「話を止めて、座りなさい」と言った。男性はおとなしく彼女の命令に従い、会場全体が笑いに包まれた。

彼女の発言はその晩の夕食会のムードを劇変させ、緊張とフォーマルな雰囲気を一掃した。集まったリーダーはクラフトを前進させる話を積極的に前に進めた。

その日、もし男性の話を遮って黙るよう命令したのが男性だったら、その場の反応は違ったものになっていただろうとサンジェイは思った。エゴとエゴがぶつかり、癇癪の炎が燃え上がったに違いない。だが、女性のメイには、状況を理解し、場をうまくとりなす分別とスタイルがあった。

家族：これまで何度も触れてきたテーマだが、家族感覚はとくに協働ネットワークでは重要だ。そこでは協働ということが根本的な理念となる。部署は家族同様で、構成員は相互依存の関係にある。決定はギブアンドテイクの精神で行われ、決まったことはグループの総意として推進される。

多くの企業では、社員は自分の考えを押し通すことに多くのエネルギーを使っている（それが実線であろうが点線であろうが）。上の人々への報告ラ

インばかりが重視され、権力の実態を把握することに時間が浪費される。権限と責任は明確であるべきだが同時に、自由に支援や助言が求められる雰囲気も必要だ。

　協働ネットワークに勝者も敗者もいない。メンバーは一つの家族として勝ったり負けたりする。

報酬：協働ネットワークに携わる人々は、自分の本業や古巣から抜け出してきていることが多く、報酬の問題が浮上することがある。だが、それは難しい問題ではないはずだ。報酬条件は事前に明確に定められているべきで、ネットワークに参加する社員が、本業の組織で昇格しない限りは基本給を変える必要はない。一方、プロジェクトがマイルストーンを達成したら、メンバーにはボーナスが与えられるべきだ。

抵抗：デジタル化とグローバル化が、協働ネットワークの形成に向けた強い力になっている。とはいえ、現場レベルでは今でも、時折抵抗に遭うことがある。とりわけプロジェクトが終わるときや経営陣が交代するとき、人々は単に住み慣れた昔ながらの縦割り組織に残っていることのほうが居心地よく感じる。

　リーダーのやるべきことはこうした抵抗をはね除けることだ。ネットワークに参加する人材を指名し続け、成果をモニタリングし、それについて語り続けて広めること。

　ネットワークの協働に終わりはない。そして、CEOから現場の作業員まで全員が環境に適応し、そこからメリットを引き出していかなければならない。

グローカルになる

　協働ネットワークはグローバルに展開する企業の基礎となる根本的な組織

図表8-1 ▶ **グローカル**：「救いようもなくローカル」と「何も考えずにグローバル」の間の均衡

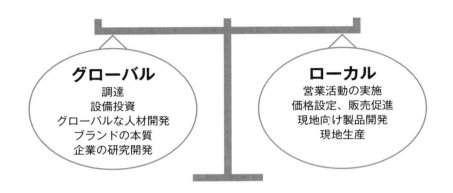

ツールだ。だが、グローバル企業はもう一つの組織的課題とも戦っている。どうやってグローバルな経営資源とローカルな専門性のバランスを取るかという課題だ。適正なバランスは「グローカル」経営（グローバルとローカルの強みの理想的な融合）という聖杯（困難な活動の目標）にある。

こうしたバランスを見つける最初のステップは目隠しをしているものを外すことだ。自国の人気製品を他の国に丸ごと投入し、文化的な違いを過小評価したためブラックホールに消えていった事例が、ビジネスの歴史にはたくさんあふれている。

例えば、ジレットは10年前、インドで低価格カミソリを展開し、大コケした。同社は低所得のインド人の多くがヒゲを剃るのに水道の蛇口からの流水を使えないことに気がつかなかった。水ですすげないため、シェービングクリームでカミソリが目詰まりを起こしたのだ。これこそが、「何も考えずにグローバル」のアプローチである。

それとは真逆に、一部の多国籍企業は母艦の強みや専門知識に背を向け、特定の市場でまるで地元企業のように振る舞うことがある。そうした企業はいくつかの現地ブランドを買い、深く現地に根ざした能力を構築しながら、

ローカルな領地の集合体として運営される。これが、「救いようもなくローカル」なアプローチだ。

サンジェイがユニリーバで過ごした月日に体験した、これを物語る小さな事例を挙げよう。

1987年、ユニリーバは、スキンクリームで有名なアメリカ企業、チーズブロー・ポンズを買収した。今も当時も、ポンズ・ブランドのシンボルは小さな可愛いチューリップであり、マーケティングを展開する際に役立っている。

だが、世界各地にバラバラと散漫に拡大した結果、ポンズクリームのパッケージに付いたチューリップは、50以上の異なるデザインになっていた。この巨大なチューリップの花束を維持するコストは巨額というわけではなかったものの、ブランドそのものが低迷する中、右往左往することでどれほど資金が無駄遣いされているかをありありと示していた。

ユニリーバは最終的に、ポンズの世界的な専門性を象徴するグループ「ポンズ・インスティチュート」の傘下にブランドを統合した。その後、経営陣はグローバルな専門知識、ローカルの製品、ローカルでの実行のバランスを保つ現実的なアプローチを取った。これは大きな成功を収めた。ポンズは市場全体を上回る伸びを見せ、利益を生んだ。統合プロセスの一環で、小さなチューリップは全市場で統一された一つのデザインになった。

大切なのは、何も考えずにグローバルであることと救いようもなくローカルであることの間にあるスイートスポットを見つけることである。それこそがグローカル経営だ。

基本的な考えは、グローバルな専門性とローカルの文脈を組み合わせ、本社側からは規模のメリット、現地側からはローカル市場の知識というメリットを引き出すことだ。どこで何を行い、誰がどんな権限を持つのかは事前に取り決めておく。単に真ん中の道を通ればいいわけではない。絶妙なバランスの在りかたは、プロジェクトごとに変わる。

ローカル側で市場から最も近くにいるのは最前線の人々だ。消費者の嗜好、

習慣、態度を知っている（べきな）のは彼らだ。最前線の人々は、地域の特性、インフラ、そして落とし穴を知り尽くしている。

　反対にグローバル側では、ビジネスの国際的な側面が管理されるべきだ。例えば、技術の基本モデルには、ローカル色はまったくない。携帯電話とソーシャルネットワークがどう世界を席巻したか考えてみるといい。フェイスブックは国連以上にグローバルな組織ではないか。また、技術以外でも、グローバルに管理するのが最善であるという要素は他にもある。ブランドのポジショニング、製品の安全性や職場の安全に関する事柄、企業のルールや価値観などは、世界中で同じように適用されるべきだ。

　ちょうど良いバランスを見つけたらそこから外れないようにしよう。もちろん、必要時には調整を入れるべきだが、極端から極端に右往左往はしないこと。とりわけ消費財を扱う多国籍企業は、グローバルからローカルに振り子の針が揺れるように極端に行ったり来たりすることで混乱と生産性の低下を招いてきた前歴がある。

　グローカル経営は、何が良くて悪いのかという善悪の評価基準ではない。グローカル経営に必要なのは、何をグローバルにやり、何をローカルにやるかという注意深い分析だけだ。実際にはこうした分析がどう行われるのかを見ていくため、もう一度、クラフト中国のオレオの事例に戻ろう。

　巨大な中国市場にオレオを再投入するため、（ニュージャージー州の本社にあるオレオ・ブランド・エクイティのヘッドが率いる）協働ネットワークのチームは、利益を伴う成長を牽引するドライバーのリストを作った。次にチームは、各要素をローカルかグローバルのどちらが主導するかを決めた。これがそのリストと分析だ。

1. **ポジショニング**：オレオは長年、「ミルクに一番合うクッキー」というスローガンと、ツイスト（クッキーを外して）、リック（クリームをすくって味わって）、ダンク（ミルクに浸して食べる）という儀式で規定されてきた。協働ネットワークのチームは自問した。

「こうした独自の従来型アイデンティティをオレオ・ブランドの根本的要素、つまりグローバルなものと捉えて世界中のオレオ販売地域に適用すべきだろうか？　それとも、オレオのポジショニングはローカルのマーケティングに任せるべきだろうか？」。

答えは容易に出なかった。まず、中国人はそれほど牛乳を飲まないし、ツイスト、リック、ダンクが何を意味するのかも知らない。それでも最終的にオレオのこうしたポジショニングはグローバルであり続けるべきだとチームは決めた。消費者がたやすく理解できるユニークなツイスト、リック、ダンクの儀式を作り出し、それをオレオの十八番にすることにシンプルな魅力があったからだ。オレオの確立されたポジショニングの力は薄められるべきではなかった。

この決定に基づき、協働ネットワークはオレオとミルクの緊密な連想関係とツイスト、リック、ダンクのやり方を描いたシンプルなガイドラインを作成し、それをグローバルに用いることにした。

2. **広告**：ポジショニングがグローバルなら、広告もグローバルであるべきか？

あらゆる場所で1つの基本広告を張るなら、グローバルに管理するほうがコスト効率はいいだろう。

だが、広告は今後もローカルに任せられるべきだとチームは決定した。根本的要素からの逸脱を禁じるポジショニングの指針は与えられたが、実際の広告は現地で制作され、世界各地でさまざまな広告があってよいということになった。広告をローカルの管掌としたロジックは、現地市場のことは現地が一番よくわかるから、というベーシックなものだった。

ツイスト、リック、ダンクから外れさえしなければ、ローカル・チームは地域独特のニュアンスを反映させた広告を作ることができた。このようにローカルに広告の管理権限が任せられたおかげで、クラフト中国は姚明をコマーシャルに採用できたのだ。

また、ブランド開発の段階に応じ、国をいくつかのクラスター（グループ）に分けることが有益な場合もある。同じクラスターの国の広告アプローチは、往々にして似たものとなる。

3.　**製品**：実際に作られるクッキーは米国のものと同じであるべきか、それとも違っていていいのか？
　真っ先に出た答えは、オレオはオレオであり、そこをいじくり回すべきではない、グローバルスタンダードが適用されるべきだというものだった。
　だが、チームはこの問いを考え抜いた結果、95年にわたりオレオが米国以外で成功を収められなかった大きな理由は、この頑迷なアプローチのせいだと思い至るようになった。これを踏まえ、チームは基本的なグローバル・ガイドラインを作った。チョコレートなど主原料は同じものを使うべきだが、甘さは現地の嗜好によって調整できるようになった。
　また、サイズも変更可能とされ、これによりそれぞれの地域に合った価格帯が設定できるようになった。中国では味付けの裁量が現地に委ねられたので、緑茶味のクリーム入りオレオなどのイノベーションが生まれた。

4.　**調達**：これは比較的、簡単に決められた。主原料の調達はグローバルでもローカルでも、経済合理性のある方で行われることになった。

5.　**技術**：先に述べたように、これはグローバルの管掌領域となった。

6.　**加工工程**：原料を混ぜ、実際にクッキーを作る工程の基準は、グローバルの裁量とすることが決められた。中国など数カ国では、オレオ以外のクラフト製品の工程でさまざまなローカル技術が使われていたが、そこからは無駄が生まれやすいことをクラフト・ディベロッピング・マーケットは発見した。

7. **販売**：販売はローカルの管掌とされ、市場に一番近いところの社員に自らのインサイトを使うチャンスが与えられた。だが、中国の販売戦略の一部は、他の国でも使えるとチームは気づいた。そこで、チームはもう一つ新たな協働ネットワークを作り、ベストプラクティスのモニタリングと普及に当たらせるとともに、販売方法が国によってばらばらになり過ぎないようにした。

8. **資本**：資本に関する意思決定はグローバルの管掌とされるべきだ。どこに資本を投入するかを決めるには幅広い視野が求められる。よって、例えば工場をどこに建設するかなどはグローバルな意思決定者が決めるべきだ。彼らはパズルを構成するすべてのピースを集めたり、世界中のベストプラクティスに則って運営したりといった点で最適の立場にいるからだ。

　グローカル経営は、（企業のおかれている文脈がグローバルであるかどうかを問わず）企業が自社の遂行能力のバランスを取るということの一種のメタファーと考えてもいいだろう。オレオのチームはその本質を捉えた。
　まず、オレオの成長の原動力を定義し、どこで何が行われるべきか、誰がそれを行うべきかを決め、その線に沿って経営資源を集めた。役割と行動をはっきり決めて、取り組みを実行に移した。次のステップは進捗を測る、つまり指標を決めて計数化することだ。これは次章で見ていこう。
　うまく機能する組織について最後に一言だけ。事業に関与する本社の上級管理職が果たす役割についてである。リーダーは、自分に他人を助ける才覚があると本気で信じ込んでしまうことがある。実際に才覚があることも多い。だがこの傾向には注意が必要だ。
　彼らは時として現場に飛び込んできて特定の状況に割り込んでくるが、これが現地の部隊にとっては意図せざる侮辱と感じられることがある。上級管理職は、多くの言葉とわずかな成果を残し、くたびれ果てた現地のチームを後に再びさっと本社に帰っていく。こうした無駄な努力がいつでもどこでも

行われるわけではないが、善意があったとしてもリーダーは頻繁にこうした罠にはまってしまうようだ。

　サンジェイは長年にわたりそのことをローカルの側で体験し、現地を訪問する上層部への対応に苦心した経験がある。その後、サンジェイは本社側に移り上層部の役割を果たすようになった。本社の側からは、こうした罠を見つけるのはずっと難しく、自分自身もそのような罠にはまってしまったことがあるとサンジェイは認識している。

　大切なことは、組織のあらゆる部署には果たすべき役割があり、すべての部署がすべての仕事で価値を生み出す必要があるということだ。組織のあらゆる部署が、自分の存在する権利を努力で勝ち取らなければならない。最も大切なこのことを、あらゆるリーダーは日々心に刻むようにしよう。

ステップ6 ▶ 組織：
調整し協働する

FIVE KEY TAKEAWAYS
5つのポイント

1 組織がうまく機能しているときにはそれに干渉せず、退屈なぐらい一貫して実行を続けること。組織再編は必要なときにはやるが、過激なリストラは混乱と注意散漫につながるから最終手段と考え、なるべく控えること。変化のための変化を恒常的に繰り返さないこと。

2 成長を推し進めるために、組織を成長機会の方向に向かせ、社内外の壁を越えたクロスボーダーの協働ネットワークを構築しよう。

3 組織全体を成長機会に向かせるため、成長機会の追求だけを目的としたフォーカスグループの創出を検討してみよう。

4 組織の縦割り化に対処するため、リアルまたはバーチャルの協力ネットワークを作ろう。企業の組織の壁を越えて、水平方向での情報の流れを改善することができる。

5 国際的なオペレーションは、グローカル経営で成長を最大化すべき。グローカル経営とは、現地の能力（消費者、ビジネス慣行などについて最前線の知識を持った現地のスタッフの能力）と本部の能力（母艦のグローバルな専門知識や経営資源）の間でバランスを取ることを意味する。

第 **9** 章

指標：
進捗を測定し共有する

Metrics
Measure and Communicate Progress

Discovery
Search for Growth

Strategy
Pick Your Bets

Rallying Cry
Rouse the Troops

People
Unleash Potential

Execution
Simplify and Delegate

Organization
Align and Collaborate

Focus 7

ハイブリッドカーのトヨタプリウスを運転し、1,000マイルを往復すると考えてみよう。低燃費のプリウスでどれだけガソリンを節約しながら走れるか。

　行きはそれをテストする。あなたの目はガソリンメーターに釘付けになり、1ガロンで何マイル走れるか（ガロン当たり走行マイル数）をチェックする。良い結果を出そうと、急停止や急加速を避け、時速55マイルを超えないように走る。着いたときにはガロン当たり50マイルというすばらしい燃費効率が実現していたが、片道10時間もかかってしまった。

　帰りはもっと飛ばさないといけない。今度はGPSのモニターに目が釘付けになり、残りのマイル数と到着予定時間をチェックする。違反チケットを切られないギリギリのスピードで走る。結局、7時間かからずに戻れたが、燃費効率はガロン当たり40マイルに落ちてしまった。

　このたとえには、進捗を測るいくつかの教訓が含まれている。

　まず、何を指標とするかは管理対象によって変わるということ。測りたいのが燃費効率なら、ガソリン消費量を基準にし、同量のガソリンでなるべく長い距離を走ろうとする。同じように、もし企業の目的が売り上げを伸ばすことなら、活用される指標は市場シェアと売り上げという、いわゆるトップラインに注目したものとなる。

　他方、もし目的がボトムライン、つまり利益なら、注目すべき指標はコスト削減、生産性、業務の効率性となるだろう。

　第二の教訓は、指標はバランスの取れたものでなければならないということだ。指標には過去を振り返るもの（わたしたちはそれを「バックミラー指標」と呼ぶ）がある。また、未来を予測するものも（「フロントガラス指標」と呼ぶ）がある。過去のガソリン消費量の平均を測るガロン当たりのマイル数は、バックミラー指標だ。一方、現時点のスピードと予想到着時間は現在と未来に注目しているため、未来を予測する指標だ。

　ガロン当たりの走行マイル数ばかり気にしていたら、時間がかかり過ぎてしまう。かといって、速く走ることだけに力を入れればガソリンを使い過ぎ

てしまう。ポイントは、計測対象である職務にふさわしいバランスを見つけることだ。

第三の、そしておそらく最も重要な教訓は、指標はシンプルになればなるほど管理しやすくなるというものだ。実際には車が消費するガソリン量は、スピード、運転環境、渋滞の程度、外気温、タイヤ空気圧、運転スタイルなど、複雑な要因の組み合わせで決まる。知るべきことについて最良の情報を伝えてくれる少数の指標だけを採用しよう。

だが、進捗はただ測って終わりというものではない。それは成功の物語を通じて社員に伝えられる必要がある。数字は単に自社の状況をはっきり表すだけだが、勝利（そしてときとして敗北）についての物語を語れば、社員にひらめきを与え、やる気を引き出せる。

進捗を定量化した数字は頭脳に訴えかける。成功を祝う物語は心に訴えかける。成功する企業は数字と物語を伝えることで、心と頭脳をつなげてその両方を満足させる。まずは、集中と単純さという原則が、進捗の測定にどう当てはめられるかを見ていこう。

ゴールに結びついた指標

不思議の国を旅しているアリスが猫に言われたように、もしあなたが自分の行き先を知らないなら、どの道を行っても同じということになる。マイルストーンがマイルストーンになるには、まずは自分がどこに向かっているかをわかっていないといけない。指標は、企業が定めた自社のゴールから生まれる。だから指標の選択は選んだゴールに直接的に関わっている。

第7章に登場した、履歴書関連サービスを提供するスタートアップ企業Vモックでの経験を見ていこう。

Vモックは「我々は進捗をどう定義すべきか？　どのような指標を用いて管理すべきか？」と自問する必要性に迫られていた。企業が注視すべき最もロジカルな指標は売り上げだ。ビジネスを成長させたいという思いに基づき、

トップラインの伸びを注視すること以上に道理にかなったことはあるだろうか？

当時、Vモックは履歴書分析とキャリア準備プラットフォームを大学向けにライセンス販売し、プラットフォームを利用する学生の数に基づき大学に課金するビジネスモデルを創出していた。残念ながら、大学はライセンスフィーの支払いに二の足を踏んでおり、プラットフォーム導入のスピードは当初予想より遅かった。

ある戦略会議の場で、モハンとVモックの創業者サリル・パンデは、売り上げを指標にすればビジネスの進捗を誤って定義したことになると気づいた。なぜなら、価格こそ、顧客が同社のプラットフォームを導入する障壁だったからだ。少なくとも当面は、Vモックのプラットフォームのユーザー数に基づいてオンラインサービス事業の進捗を測ろうと彼らは決めた。

収益は後になって広告収入などで付いてくるだろう。インスタグラム、ウェイズ、ツイッター、スナップチャットなどの事業に付けられた数十億ドルという評価は、時としてほとんど売り上げが上がらないか、売り上げゼロ、ましてや利益などまるで生まれない段階で評価が付くということを示していた。ゲームのルールは、どれだけの数のユーザーの目をくぎ付けに出来るか、なのだ。

収益ゼロのスナップチャットは、自社に付けられた30億ドルというフェイスブックの買収提案を拒否した。なぜか？　1日40億枚の「スナップ」がユーザーから送信される同社は、自社の価値をそれより高く見積もっていたからだ。

Vモックの新たな進捗の定義は、**たとえこのプラットフォームを手放すことになるとしても、ユーザー数だけは何としても拡大しておくこと**とシンプルだ。また、同社が設定した**なるべく早くユーザー数100万を達成する**というゴールもまたシンプルだ。自分がどこに行きたいかがはっきりすれば、どんな指標がそれに合うのかも自ずとわかるようになる。

╱バランスのとれた指標

　パフォーマンスと進捗のスコアカード作成にあたっては、バランスのとれた指標を組み合わせて使うことが大切だ。たとえば、クラフトの白紙小切手の戦略構想では、売り上げ、粗利益率などの指標が採用された。これにより、チームが利益を顧みずに売り上げの成長のみを追求したり、売り上げを犠牲にして利益を確保したりすることが避けられた。正しい指標のポートフォリオを作るには、チェック・アンド・バランスが不可欠だ。

　今日、ビジネスで一般的に最も多用される指標は売り上げと利益に関するものだろう。実際、事業のパフォーマンスの本質とはトップラインとボトムラインの伸びだ。革新的なプロジェクトの場合は、進捗が用いられることが多いのであるが、パフォーマンスを測る最良の尺度が、必ずしも進捗を測る最良の尺度だとは限らない。

　パフォーマンスとは企業の過去の実績のことだ。一方、進捗とは、それが将来的にどの程度できるようになるかという推定だ。革新的な取り組みがどの程度進捗しているか測りたいなら、未来を予測する指標をしっかり使っていく必要がある。

　ワールプール・コーポレーションの場合を見てみよう。ワールプールのグローバル・イノベーション・ディレクターのモイセス・ノレーニャによると、同社には3つの基本指標から構成されている「イノベーション・ダッシュボード」がある。

　最初の指標は、イノベーションのパイプライン上のプロジェクト数と価値の測定に関するものだ（＝iパイプライン）。この指標は、市場に投入された場合のプロジェクトの潜在的価値を推定するものである。

　第二の指標が、イノベーション収益（＝i収益）である。ここでは市場に投入された革新的な製品が生んだ収益を測定するものである。

　そして第三の指標は、外部営業利益率の上げ幅（＝EOPリフト）と呼ば

れており、基幹事業に比べて革新的な製品の利益率がどのくらい高いかを測定するものである。

　ｉパイプラインを通じ未来に目を向けることで、ワールプールはイノベーション・プロジェクトが将来の事業に与える影響を推定することができる。また、成長とイノベーションのプロジェクトが置かれた段階に応じて、指標をバランスさせていくことも求められる。

　ボーイングCEOのジム・マックナーニは、ケロッグビジネススクールを訪れたとき、このことをエレガントに表現した。３Ｍコーポレーションとボーイングでのプロセスの経験から、彼は企業のイノベーションのプロセスは、一般的に２段階に分かれることに気づいていた。

　第一段階はアイデアとコンセプトを開発する段階だ。このステージでは、プロセスの管理ではアイデアの**フロー**が重視される。だが、アイデアが開発段階に入ると、資金が投じられてアイデアは製品となる。この段階の指標は、それに対応することが求められる。ここでもプロセスは、**生産したもの**に基づいて管理されなければならない。

　創造性とフローのプロセスを管理することと、規律性と生産のプロセスを管理することは、大きく異なる。２つのプロセスに求められる指標は正反対である。創造性のプロセスを生産したものに関する指標で管理すれば、アイデアのフローの息の根を止めてしてしまう。反対に、資本集約的な製品開発のプロセス管理にフローの指標を使えば、カオス的な混乱につながりかねない。マックナーニによれば、企業をバランスのとれた状態に保つことは経営陣にとって最大のチャレンジだ。

／シンプルな指標

　ある悲惨な例を考えてみよう。その企業はなんとか生き延びていたものの、大躍進も大前進もしていなかった。成長率は５年以上にわたり鈍化傾向にあった。起業家精神にあふれたCEOはこうした低迷を懸念し、全社を対象に、

営業最前線にある部門を横断的に、網羅的なアンケート調査を実施するよう命じた。

　CEOはすべての目的に対して指標を設定し、すべての数字に対して説明を求めた。複数のコンサルタントの協力を得てアンケート調査を実施したが、その調査には、6カ月を要した。一部の質問は、会社全体に関するものであったが、多くは特定の部署に関する質問であった。調査表は15ページに及ぶものであった。

　調査表は12月初旬にマネージャーの机に届いた。膨大な数の電子メールと連日の残業を経て、多忙なクリスマスシーズンにもかかわらず、すべての部署が年末までに回答した。CEOは元日にマネージャーへ感謝のメッセージを送った。

　財務関係者とコンサルタントで構成されたチームが、その情報を消化するのに数カ月がかかった。そして、この調査結果が意味することに関する経営陣レベルでの意見交換会議がさらに数カ月続いた。この評価から自社の現状に関する有用なスナップショットは得られたものの、事業を多角的に探索するということが欠落していたというのが、経営陣が下した最終的な結論であった。

　その後追加質問のリストが作成された。最初の評価から6カ月以上が経過していたため、同社は年末に再度評価を行うと決めて新しい質問を追加した。調査結果は同じパターンであった。CEOと側近は有用な知識が得られたとの結論を出し、調査を年次イベントとすることを決めた。

　残念ながら、最初の評価から5年が経過した時、収集された大量の情報にもかかわらず、同社の事業は低迷から不振に変わっていた。売り上げは減少し、コストは上昇していた。実際、同社のすべての業務のうち、堅実な成長を見せていたのは調査表の質問の数だけだった。今や調査票はたっぷり25ページにもなっていた。

　この悲しいエピソードは、いくつもの実在の企業を合成した架空の企業のものだが、こうしたあらすじは無数の企業にとって危険なほどお馴染みのも

のだ。ここには、あまりに多くの目標を設定し、いろいろな方法でそれを測ることを命じるという、誰もが陥りがちな共通の落とし穴が示されている。

　野心的な指標は、社員の関心を社外ではなく社内に振り向けさせる役割を演じており、これは窓の外の世界を見る代わりに鏡で自らの姿を眺める症候群に陥る有り様を如実に示した例である。

　複雑な指標を使う演算処理的なアプローチは、いくつかの有害な結果をもたらす。

　第一に、情報が力を発揮するには、**適切な情報**でなければならないが、重要性の低い事実や数字の猛吹雪はシステムの目詰まりを引き起こし、あらゆるスピードを鈍らせてしまう。もう一つの欠点は、ここで示されたような評価のやり方は、組織階層の上から下までの時間とカネの浪費につながるということだ。また、偏執狂的になり、それ自体、目的化してしまうことがある。事業構築に使えるはずのエネルギーが、データ収集とフォーム記入に奪われてしまう。

　さらに悪いことは、結果や傾向、そして**過去**を説明することが最大目的となってしまうことだ。生産的に使うことができる時間が、「カルナ・キャ・ヘイ？（さあ、これから何をする？）」でなく、過去の事象の解説に浪費されてしまう。

　作った指標のシステムがひどいものかどうかを確かめる良い方法がある。行動するより多くの時間を、その報告と分析に使っているとしたら、それはひどいシステムだ。

　指標作りの基本的なポイントは物事をシンプルにしていくこと。測定とベンチマーキングは極めて重要ではあるが、ベーシックで、かつ容易に理解可能で、そして一目で見てわかるものにしておかなければならない。過度の数字を入れ込めば業務を複雑にするだけだ。数字が多過ぎれば真に大切なことを測定することができなくなり、何が最重要か、わからなくなってしまう。

　お勧めの指針としては、スコアカードはあくまで1ページにとどめ、決し

てそれ以上にしないことだ。そして「5本の指ルール」を忘れないこと。それ以上やれば、あなたは社員の時間を無駄遣いすることになる。

指標をどう作るか

スコアカード上の数字は戦略目標に直接つながりを持ち、事前に決めたゴールに向けた進捗状況をわかりやすく示すものでなければならない。言い換えると、やるべきことが測定の対象とされるべきであり、マイルストーンごとに指標は設定されなければならない。どの時点で特定の目標が設定されなければならないか？　さらに、測定は、短期／長期、四半期、年次の枠組みで考える。

指標は次の3つの問いに答えられるように設定しよう。

1. **何を**測るか？
2. **いつ**測るか？
3. **誰が**行うか？

本章の冒頭で述べた通り、**何を**については、戦略目標に直接結びつけること。クラフトフーズはビジネスマネージャーに、売り上げ、利益、キャッシュフローという3つの主要指標が入った1ページのスコアカードを作成するよう求めた。

これは比較的高い階層のマネージャーに対するもので、事業全体の状況に関する指標だ。管理職の階層が変われば見えるものも変わってくる。特定の役割を持った部署の指標はまた違ったものになるかもしれないが、全部門を通して基本原則は共通だ。何より大切なのはシンプルなことだ。

たとえば、新興国の伝統的な店舗（零細なママパパストア）を担当する営業担当者の効率性を測るスコアは、カバレッジ（担当店舗数）、生産性、稼働店舗1店舗あたりの売り上げなどになるだろう。

いつについては、部門や企業の文脈によって変わる。報告は週ごと、月ごと、四半期ごと等で行われる。（いつ、特定のステージが達成されるかという）

マイルストーンごとの指標を設けること以外には特別のルールはないが、指標は必ず年次計画に対してベンチマーキングされるべきだ。通常、5年計画に対してのベンチマーキングも行われる。

誰が行うかについては、細心の注意を払って実行されるべき権限委譲と関わってくる。これはとくにトップの意思決定者に関連することだ。どのくらい現場に近いところまで、特定の成果に関するトップ知識が及んでいる必要があるのか？ 逆に、ほんの小さな事業を構成する要素の些細な成果は、トップにどのくらい近いところまで上げればよいのか？ 一つ忘れてはならないことは、関わる人が増えれば増えるほど複雑性が増すということだ。

たとえば、大企業の営業マネージャーの例を取ろう。そのパフォーマンスの数値をフォローするのは誰になるだろう？ 原則的に営業マネージャー自身と直属の上司にすることをお勧めする。一般に、上級管理職は組織の階層を1つか2つ飛び越した下の人間のパフォーマンスにリーチすべきではない。

リーチする上司にとりわけ悪気はないけれど（とくに問題が生じたときには）、組織の経営陣が関与すれば役立つだろうという常識に基づいてそうしているに過ぎない。だが、そうやって闖入すればそこにあった日常的なヒエラルキーを壊してしまう。ほどなく、あらゆる階層のあらゆる人が関与するようになり、誰もが起きたことを説明するのに奔走することになるだろう。そうすれば、経営資源が浪費され、エネルギーは内向きとなり、焦点はブレてしまう。

たしかに、社員が指標に対しやるべきことをやっていなければ誰かが行動を起こす必要があるだろう。かといってCEOが3つも4つも階層を飛び越して下の人間にリーチすれば、関心は社内に向かい、社員にとって成功は経営陣を喜ばせることと同義になってしまう。

もちろん、たまには例外があってもいいだろう。ごくたまに、偉い人が部屋の扉をノックして現れ、物事の頂点の自らの存在感を示し、社員に緊張を与えてもいいかもしれない。だが、もし経営陣が質問ばかりしていたら、マネージャーは答えを手直しして、きれいな言葉で飾ることだけに時間を費や

し、生産的な仕事に時間を使わなくなるだろう。

　もっとも、褒めるために階層を下に飛び越えるなら話は別だ。CEOは販売担当者のすばらしい成果を讃えるメモを送り、コピーをその上司に送ってもいいかもしれない。同様に、より広い観衆に向けて成功を伝えるメモを送れば、ポジティブシェイム（自分以外に寄せられる称賛を見て、それに負けない評価を得たいと考えること）を通じ、極めて効果的に人々のモチベーションを高められるだろう。

　たとえば、あなたが5つの市場を管轄しているとしよう。各市場の生産性の比較表を回覧すれば、各市場の担当者にパワフルな効果がある。誰もがリストのトップになろうとするだろう。誰もビリでいることは望まない。

物語によって進捗を伝える

　もちろん指標は大切だ。数字は嘘をつかないし、企業、部署、社員の状況をはっきりきっちり測定して伝えてくれる。だが数字はゲームの一部にすぎない。

　進捗は、関係者の心に響く、企業の目標に関連したイベントや出来事において測ることもできる。何かをわかってもらう、教訓を伝える、部隊の士気を高めるといった目的において、物語に勝るものはない。物語とは、心に残る魅力あるエピソードや出来事の記録を伝えるものだ。

　おそらく、ホモ・サピエンスが初めて声を出して話すことを覚えてからというもの、人は物語を語ることで互いを楽しませてきた。人間の脳がどれほどよく物語に反応するよう作られているかは科学者によって証明されている。人は物事を物語の形で捉える傾向がある。ストーリーは経験に意味を与え、人々が情報を消化し、事実を記憶することを助けてくれる。

　画面に映った生の数字は記憶からすぐ失われてしまいがちだが、重要な数字に物語を重ね合わせるとその文脈が理解されるようになり、いつまでも覚えていられる。

「物語は創造性により現実の人生をよりパワフルで、鮮やかで、意味深い経験に変えてくれる。それは人間同士の関わりにおける一種の通貨のようなものだ」と教師で劇作家でもあるロバート・マッキーは言う。

より単刀直入に言えば、物語は頭から離れないのだ。人は物語を忘れない。パワーポイントのスライドは、人をぼーっとさせ、誰もその内容を覚えていられない。

賢明なマネージャーは、物語を、人を統率する最も重要なメカニズムとして活用する。だが、物語の中身はしっかり選ぶ必要がある。ビジネス界にいる人の多くは、エピソードより数字を操ることが得意だ。そのせいで、彼らは数字に頼るあまり、観衆を失いがちだ。

このことは問題だが、かといって真逆の事態もまた問題だ。内容の薄いエピソードは、沈殿せずすぐ浮き上がり、忘れられてしまう。たとえ話を除けば、すばらしい物語は通常、ディテールと事実の裏付けがある。うんざりするほどディテールと事実が多いのは困るが、ちょうどいい程度であればその物語は現実に根ざしたものとなる。

大切なことは、すべての物語に目的があることだ。楽しませることが目的ではない。要するに物語に必要なのは、社内の人々にインスピレーションを与え、事業の方向性を変えるような行動に照準が合っていることなのだ。

ハーバード大学教授のジョン・コッターからドキュメンタリー作家のケン・バーンズ、小説家のレオ・トルストイまで、誰もが物語の持つ力について語っている。またそれがビジネスに及ぼすダイナミックな効果についても多くの人が書いている。

サンジェイは、物語を「7つのフォーカス」の枠組みの本質的要素とした。本書はこれまで、発見ワークショップ後の夕食会で一部の社員や取り組みを褒めることがいかに士気向上につながり、それ以外の人々のやる気アップにもつながったかを見てきた。

白紙小切手の努力についての物語は、「教訓は何か？ 特定部署のインサ

イトは、そのビジネスの他の側面にも応用できるだろうか？」という問いを通じ、企業全体に途轍もなく大きな教唆を与える。

「白紙小切手の取り組みを分析し、それを紙の上に落として話し合うことは、クラフトにおける我々の最も有効な教育ツールの一つでした」とクラフト・アジア太平洋のプラディープ・パントは言う。

「多くの場合、そこから得られた教訓はすぐ応用可能です。そうでない場合も、こうした分析は、社員から似たような考え方を引き出すことにつながりました」。

2012年10月、サンジェイのチームは物語を中心テーマとするカンファレンスを開催したが、そのときクラフトにおける物語の活用は、最高潮に達した。60カ国以上の400人以上のリーダーがイスタンブールに結集し、そこで2日半すごした。

参加する部署とリーダーに与えられた指示は簡単なもので、「あなたが成し遂げたことについて、聴衆が学び、インスピレーションを受けられるよう、語ってほしい。ただし、それを演説にしないこと。パワーポイントも使わず、カンファレンスに付きものの退屈な話は避けること」というものだった。

どんな話が飛び出すか、サンジェイには予想できなかった。事前に原稿をチェックしたりはせず、プレゼンテーションには、「次は何をするのか？」という要素を入れることだけを頼んだ。このカンファレンスは、参加者のフワフワした自己満足のためのものではなく、聴衆にインスピレーションを与え、それを行動につなげるためのものだった。

革新的で魅力的なテクニックで物語を語り、要点を強調するなど、各チームは2日半にわたりショーを繰り広げた。クラフト・ガーナのヘッドを務めるある人物は、民族衣装で正装し、頭に高い被り物を被って舞台に登場した。彼は地域のコミュニティと心を通わせることが、いかに良い人材を惹きつけることにつながるかを説明した。

その中で、自分が教育のない家庭の出身だということを明かし、キャドバリーが彼の教育に投資し、村の衛生サービスを提供するまでは自分自身、コ

コアのプランテーションで働いていたと説明した。

中国チームはいわゆる「希望のキッチン」の取り組みを例にとって説明した。それは中国農村部の取り組みだった。クラフト中国は5万人の子どもたちに食料を提供しながら、体に良い食生活をテーマに、教師とキッチンスタッフに対して啓蒙活動を行っていた。

基本的理念は、「健康なら善いことができる」というものだった。取り組みは、中国での人材獲得競争で勝つための極めてパワフルな武器となり、地域コミュニティに恩返ししたいと望む多くの成績優良者をクラフトに惹きつけることになった。

カンファレンスは色彩豊かな民族ドレスを着たブラジル北東部地方のトップ、バーバラ・ミランダがサンジェイを舞台に招き、その地域の伝統的儀式である槍に紐を結びつける仕草を一緒に行ったとき、盛り上がりの頂点に達した。

このセレモニーでは注目に値する成功物語にスポットライトが当てられた。ブラジル北東部地方の貧困地域において、クラフトはわずか18カ月で手付かずの野原を巨大な工場群に変え、工場は地域に雇用を創出し、コミュニティにそれ以外の投資も行った。ちなみにブラジル北東部の事業部門の業績は、売り上げ、利益、キャッシュどれをとっても、当初目標を大きく超えていた。

ミランダのプレゼンテーションに聴衆の多くは涙を浮かべた。だが、より重要なことは、それが金鉱を掘ること、すなわち見過ごされていた地域の成長機会を探ることの価値を物語っていたことだ。ブラジル北東部地方の体験は、他の地域が起こすべき行動の明確なロードマップとなった。

終わりに、このイベントのためにロンドンから来た劇団グループが、カンファレンスで展開されたテーマに基づく豪華なクロージングのショーを繰り広げた。400人の参加者は全員で歌を歌い、踊った。カンファレンス終了後のアンケートでは、これまでに参加した中で最も有用かつ楽しいビジネス・カンファレンスだったと参加者の多くが語った。

イスタンブールのカンファレンスの成功はクラフト社内で大喝采を浴びた。成功の要因の一つは、コンフォートゾーン（それは指標だけの世界といえる）から社員を連れ出すことから始めたことにある（コンフォートゾーンから追い出された最初の人物がサンジェイだった。このカンファレンスのリスクはあまりに大きすぎると心配した彼は、幾晩も眠れぬ夜を過ごした）。

　結果的に、裁量権限を階層の下方に下ろし、人々を信頼し、お互いに教え、励まし合うようにさせたことは大成功だった。

　だが、大興奮しただけで終わってしまえば事はあまりに簡単すぎる。単なるおしゃべりは安っぽくなりかねない。最終的に大事になるのは数字だ。失敗の物語も必要なのはこのためだ。リーダーは完全無欠からはほど遠いという事実はしっかり理解されなければならない。

　何より大切なのは現実を知ることだ。人生には良い時も悪い時もある。ビジネスは山あり谷ありだ。多くのビジネスリーダー（と広報担当部署）はこのことに目をつむり、絶えずポジティブであり続けようとし、悪いニュースは無視するか早送りにしようとする。社員はこうした隠蔽を喝破できるし、カラ元気を煽る態度には屈辱を感じるものだ。

　先に述べた通り、率直さは報われる。自分の過失を認め、それを受け入れる。過ちを生かし、教える。そうしたことは「7つのフォーカス」の最も重要なことだ。失敗の物語は素晴らしい教育効果を持ちうる。

　進捗を数字と物語の両方で測り、頭脳と心を結びつけつつ、前に進み続けることだ。

ステップ7 **指標：**

進捗を測定し共有する

FIVE KEY TAKEAWAYS
5つのポイント

1 進捗の測定は、定量化が可能で、それによって情報を伝えることができ、頭脳に語りかけることのできる数字で行う。同時に、数字だけでなく、人々を導き、称賛し、元気づけ、心に語りかけるような物語でもそれを伝えよう。

2 指標については、戦略目標と関連づけること。何を測定するかは、何を管理し、何を達成したいのかによって変わる。

3 指標はシンプルに、真に重要なことだけを測ること。そうすることで、自分たちが行うゲームの性質、そして点数が稼げているかどうかを社員にわからせることができる。

4 指標はバランスをとること。そうすれば、進捗をいろいろな側面から測定することができるようになるし、各側面の二律背反性について社員に考えさせることもできる。

5 進捗は、成功をたたえ、勝負に勝つという文化を醸成することのできる物語によって伝えられるべきである。

第 **10** 章

落とし穴に
落ちないために

AVOIDING THE PITFALLS

「7つのフォーカス」を採用していただくことで、実態の伴った形で努力が報われることを約束する。しかしながら他の変革と同じで、それを推進する過程で、なんらかの危険物によって前進が阻まれることがあるかもしれない。成長のための取り組みを進める過程で、我々がよく目にした5つの落とし穴とそれを回避するヒントを紹介する。

1. 本格展開の前にきちんとモデルを作り上げる

　ハンドルとブレーキに深刻な問題がある自動車を運転していることを想像してみよう。アクセルを踏んだらどうなるだろう？　悲惨な事故が起きるだろう。成長に向けた取り組みも同じだ。根本的な欠点を抱えた取り組みに大量の経営資源を注ぎ込んでしまう企業があまりに多い。

　つまるところ、成長は持続的かつ利益を伴うものでなければならない。堅牢で、かつ検証されたビジネスモデルがなければ、無一文になってしまうかもしれない。混乱した状態にある企業が、規模を拡大していけば、単に混乱が大きくなるだけだ。

　大切なことは、取り組みを本格展開する前に、まず、適切なモデルを作ること。検証し、学習し、現実に合わせて調整し、実行を繰り返す。ビジネスモデルがうまくいくという確証が得られて、はじめてアクセルを踏むのだ。

　きちんと機能する計画を持たず新興国市場に投資するという過ちを多くの多国籍企業が犯している。急成長している巨大市場だから儲かるだろうという希望的観測だけに基づき、中国に大金を投じたクラフトの事例を紹介した。クラフトの中国事業が実際に軌道に乗ったのは、製品、流通チャネル、マーケティング・コミュニケーションの調整を行った後である。

　クラフトほどうまくやれなかった多国籍企業もある。多くの企業にとって、中国事業は結局、ワーテルローの負け戦のようになってしまっている。たとえば、オランダの食品チェーンのアホールドは、中国にスーパー40店舗を出店した。そこで懸命に利益を求めたが努力が実を結ばず、とうとう5年後

に事業を売却した。また、イタリアの乳製品メーカーのパルマラットは、現地企業とは競争できないと悟り中国から撤退した。

　ビジネスモデルを作り上げる前に事業を本格展開することは、特に未知の領域に踏み出すときには非常に危険なものになる。顧客セグメント、活用する能力、対象地域、流通チャネル、（そしてオンラインサービス業界の場合は）ビジネスモデルなどに関して新しいことを追求する場合である。
　たとえば、大手ハイテク企業がすべからく、セールスフォース・ドットコム、アマゾン、ドロップボックス、ワークデイ、サービスナウなどの企業の成功を見て、クラウドサービス事業に大挙して参入しようとしている。だが、それが儲かるビジネスかどうかは極めて不透明だ。
　ソフトウェアのライセンス販売という従来型のシステムはすっかり死に絶え、（無料バージョンから入り、顧客がアップグレードしたときに課金する）フリーミアムモデルや広告収入に基づくサービス提供のモデルがそれに取って代わっている。
　誰も試したことのない未検証のビジネスモデルをもとに、大慌てで急成長しようとしたインターネットバブルの歴史が今再び繰り返されている。たとえば、ハイテク業界の巨人、インテルとSAPによる大変な前評判を呼んだ合弁事業、パンデシックの例を見てみよう。
　1997年後半に創立されたパンデシックは、市場をリードするSAPのビジネスソフトウェアを実装したインテルCPU内蔵コンピューター「E-commerce in a box」を、わずか2万5,000ドルのアップフロントフィーで売り出した。同社は顧客が行う電子商取引の代金の最大6％を手数料として徴収して収益を上げようと考えていた。
　その致命的欠点は、電子商取引業界で信頼性の乏しいスタートアップ企業を顧客としたことだ。パンデシックは多額の補助金をこれらの企業に与え、将来の収益源となることを期待した。だが、スタートアップ企業の多くは破綻し、期待した収益は実現しなかった。

ビジネスモデル上の欠点に加え、パンデシックの採用したSAPのソフトは、電子商取引には適さず、多大なサポートが必要となった。事業を小規模に始めて試験運用する代わりに、パンデシックは販売、展開、カスタマーサポートに対して、焦って、しかも大規模に投資した。3年後、同社の事業は行き詰まり、ほぼ2億ドルの資本が無駄になった末、事業から撤退した。

　肝に銘じておいてほしい。新しい市場に旗を立てたり、新規事業に参入したりするとき、利益を伴う持続的成長を約束できる戦略がないならば、大量の経営資源を投じてはいけない。それでは、無鉄砲な事業拡大になってしまう。利益をもたらす持続的成長の道筋がはっきりしているときに限り、検証し、学習し、規模拡大を図っている。

2. 優先事業から外れた取り組みをないがしろにしない

　「7つのフォーカス」のアプローチでは、ブランド、市場、製品、顧客セグメントの何であれ、桁違いの経営資源と注意を優先事業に傾斜配分することが必要と説明してきた。そこで、次の問いが生まれる。

　非優先分野の事業はどうなるのか？
　孤児のように扱うのか？
　廃止してしまうのか？

　非優先分野の事業を「トカゲの尻尾切り」の要領で廃止することは、いくつかの理由で悲惨な結果につながりかねない。優先事業が成長しても、非優先事業を廃止することで失った売り上げを補いきれないかもしれない。また、非優先事業と優先事業は固定費と資産を共有しており、両者を切り離して扱うことが難しいかもしれない。さらには、社員が非優先事業に強い感情的絆を感じているかもしれない。

　この落とし穴を避けるために、次のようなステップをお勧めしたい。

1.　非優先分野の事業を、「利益大」対「利益小」、「成長ポテンシャル大」対「成

長ポテンシャル小」の4つのクラスターに分類する。分類された非優先事業は、それぞれのクラスターの目標で管理される。つまり、各クラスターの目標に合わせて、経営資源と人材が投入され、運営される。

2. 成長ポテンシャルの大きい非優先事業は、（たとえ現時点で利益に問題があっても）自律性の高いチームが、「半スタートアップ企業」として、アームズレングスの原則（付かず離れず）に則って運営する。

3. 成長ポテンシャルは低いが、利益が大きい非優先事業は「キャッシュ・カウ／金のなる木」として、投資は最小限にとどめる。

4. 利益が小さく成長のポテンシャルも低い事業は真性の「負け犬」として、売却するか廃業する。

　たとえば、クラフトがオーストラリアで展開するベジマイトは、ローカル市場では極めて大きな利益を上げているが、それ以外の場所でアピールする可能性は低い「ローカルの宝石」だ。先に見たように、ベジマイトは優先ブランドのリストからは外れたが、クラフトはそれをポートフォリオに残し、事業の責任の大半をローカルのチームに与えることで、地域やグローバルのリーダーによる監督を極力排除した。
　ベジマイトのような事業は、製造面のスケールメリットをもたらすことが多く、間接経費を負担することで全体に寄与することができる。ベジマイトのような「ローカルの宝石」は、別会社のように管理運営し、自らの運命を自分で判断させ、売り上げ、利益率、キャッシュフローの責任のみを与える。
　キャッシュを生むが成長力に乏しい非優先事業は、キャッシュ重視の運営が行われるべきだ。ここにおいても、経営陣の関与や新規投資はなるべく控えられるべきだろう。短期的収益を強化するため、値上げやコスト削減をしてもいいかもしれない。あまり大きな経営資源の投資はしないこと。本音を

言えば、カネに加え、人材もこうした事業からは**引き上げて**優先分野に回していくべきだろう。

　負け犬は、儲からず、将来的にも成長したり利益を生んだりする見込みのない事業であるが、古典的症状として、立て直しの取り組みに何度も挫折しており、成長と利益の約束はいつも少しずつ先延ばしされてきたというようなことが指摘される。こうした事業は、一定の期間内に、規律正しく撤退が選ばれるべきだ。

　フォンテラ・ブランドのメキシコの乳製品事業を見てみよう。メキシコは成長ポテンシャルの大きい発展途上の市場だったが、フォンテラのビジネスモデルは根本的な問題を抱えていた。利幅の小さい製品があまりにも多く、高コスト構造だったのだ。

　分析の結果、メキシコのビジネスの立て直しは出来なくはないが、そのための経営資源と時間は、メキシコ市場以外に振り分けた方がいいという結論になった。フォンテラの経営陣はメキシコ事業の売却を決めた。こうした難しい決断もまた、「７つのフォーカス」のアプローチの一つである。

　事業売却の決定が下されると、こうした取引のスキルを持った社員が、事に当たる。メキシコのフォンテラ・ブランドでは、（現場の事業担当者とは別に）マルチファンクショナルなタスクフォースが作られ、任務が遂行された。

　ＡＴ＆Ｔの電話帳事業もまた、晴れ着を着せられて売りに出された非優先事業の一例だ。この事業はかつてのキャッシュ・カウで、掲載を望むローカル企業から、毎年膨大な利益が生まれていた。だが、インターネットは電話帳事業を劇的に打ち壊した。（有名な電話帳のキャッチフレーズの言葉にある通り）指は今も「散歩」してはいたものの、それは電話帳の上ではなくコンピューターのキーボード上になった。

　電話帳事業は利益を確保していたが、売り上げは急落を続けた。2012年４月、ＡＴ＆Ｔは電話帳事業の過半株式をプライベートエクイティ投資会社

のサーベラス・キャピタル・マネジメントに9億5,000万ドルで譲渡した。この譲渡により、AT＆Tは優先事業である携帯電話事業に投資する資金を捻出できたのである。

「7つのフォーカス」では優先事業が成長すれば、非優先事業の売り上げや利益の貢献度はだんだん小さくなっていくとされる。だが、こうしたプロセスは瞬時にスッキリしたパターンで現れるわけではない。特定の比率やスケジュールを達成することはそれ自体が目的でないし、絶対そうしなければならないというわけでもない。

プロセスが軌道から外れないようにしつつ、現実的に実行していく。実行性と規律性のバランスをとるようにしよう。

3. コストは容赦なくカットすべきだが、無鉄砲にやってはダメ

コストを低めに軽くしておくということは「7つのフォーカス」の要であり、コストカットは、優先分野に投資する燃料を生み出すことと同じである。絞り込んだ取り組みに寄与しない費用の削減には情け容赦しないことが重要だが、そのコツとなるのは選別的な削減だ。わたしたちの経験に基づけば、無鉄砲なコスト削減には2つのタイプがある。

一つは没収のアプローチ。たとえば、「あらゆることが1割コスト削減の対象となる！」と発表し、一律にコストを削減する。こうしたアプローチは非生産的だ。なぜなら、どんな状況下でもビジネスの特定の要素には投資を続けることが必要だからだ。

そして、もう一つの無鉄砲なコストカットのアプローチは、「つまらないことを気にする」タイプのものだ。諸々の小口の支出の後を追いかけて、それを節約させるために無理な努力を重ねるというものだ。社員をこうした努力に従わせることは厄介な官僚主義につながりかねず、最終的にアウトプットは生まれず、生まれたのはノイズばかりだったという結果になりかねない。

どんなコスト削減が道理にかなっているかを決めよう。とくに、人材、ブ

ランド、顧客ケアの3分野への投資削減は極めて細心の注意を払うべきだ。成長の原動力となる人材とブランドは企業にとって最も価値ある資産だ。

たとえ今すぐ必要なくても人材を採用し、能力開発の投資を増やすことを勧める。同様に、通常の販売促進の投資より報われるまでに時間がかかるとはいえ、ブランド構築に向けた投資も増やすよう勧めたい。さらに、顧客ケアは顧客満足の最も重要な部分だから節約のためにサービス水準を落とすのは危険だ。

反対に、やらなくてもいい仕事を削ることに関しては徹底的にやるか、少なくとも業務を簡素化すること。事業に脂肪はつきやすい。だから思慮深い分析によって官僚主義を完全一掃することも夢ではない。

よくある官僚主義の古典的事例は、社内の報告体制に関するものだ。どれだけの報告が、誰にどの程度の頻度で行われているだろうか？　多くの社員は単に社内の家畜に餌をやっているだけだという事実をあなたはさまざまな場所で発見するだろう。

どこでどの程度コストカットするかを決めるには、ベンチマーキングを実施してそれをガイドラインにするとよい。社内のベンチマークは最も使いやすいものだ。複数の部署のコストを比較するシンプルな順位表を作れば、異常値を示す部署を見つけることができる。さらに、社外とのベンチマーキング（必ずしも同業他社である必要はなく、他の業界でもいい）により最良のコスト構造が見つかり、何が可能なのかがわかるようになる。

ベンチマーキングの頻度はどれくらいがいいか？　社外とのベンチマーキングは時間と金がかかるから頻繁にはやれない。だが、社内のベンチマーキングは継続的なプロセスとして実施できる。特定部署の間接業務のコストを他の部署と比べるとどうなっているだろう？

たとえば、大企業でどんどんコストが膨張しがちなITという間接業務を見てみよう。事業を買収すると、自社と互換性のない別のシステムが付いてくるため、大企業ではIT部門のコストが膨張しがちである。

クラフトによるキャドバリー買収後、キャドバリーのITシステムはクラ

フトと重複していたため、経営陣は全世界的にITを標準化することを決めた。社外ベンチマーキングの結果、同社はこの点で平均よりはるかに劣っていることが明らかになったからだ。クラフト全社に新システムを導入するのは金がかかるが、この取り組みは最終的に全社のコストを削減して劇的な簡素化を実現することにつながると考えられた。

こうしてクラフトは新システムの導入に着手したが、混乱を避けるため導入は段階的に行われることになった。

そのあいだもクラフトはコストに関する社内ベンチマーキングを続け、メキシコとオーストラリアのIT業務が、類似部署よりコスト高になっていることを発見した。そこからさらに選別的な削減が行われた。一部の削減は当該部署の担当マネージャーの手によって実現した。

良い知らせは、管理階層の減少、間接経費の削減、小規模事業の廃止などを通じた「7つのフォーカス」の実践によって、多大なコスト削減ができるということだ。集中は経営資源の余裕を生み、それを成長のエンジンの燃料として使うことができる。

4. 途中で方針を変えない

組織は人と似ている。人はいともたやすく退屈し、集中力をなくし、落ち着きがない状態に陥ってしまう。自分が決めた戦略に飽き、変化を望むようになる。「今年のテーマはイノベーション、来年のテーマは卓越したセールス」など、年次テーマを打ち上げて戦略を飾り立てたいと望む社員が出てくる。そこへ財務上のピンチが訪れると、今度は途端に「スリムに質素に」がテーマとなる。そうしたことを繰り返すうちに戦略は混乱し、焦点がボケてくる。

本書で主張してきたように、戦略を途中で頻繁に変えれば、それは混乱と注意散漫につながる。方向性が決まったら、戦略が完全に実行されて成果が見え始めるまではじっと同じ方向にとどまるべきだ。

しかしながら、これは、現実ではなかなか実践されない。企業は数年ごと

に戦略を変えてしまいがちだ。特に経営陣の交代があれば、戦略がすぐ変わってしまう。新経営陣は数カ月、数年を費やし戦略を立案したと思うと、それをすぐに捨てて新しいものに移っていく。

　集中を通じた成長には忍耐と持久力が必要だ。戦略を守り、その場しのぎの方策に走らないこと。先に述べたように、計画はすばやく立案し、行動に時間をかけること。繰り返しになるが、わたしたちはエネルギーの９割は実行に注ぐべきだと考えている。

　話し合いを仕掛けてくる連中に用心して備えること。新たなテーマ、新たなスローガン、新たな戦略など、人は新しいものが好きだ。経営陣も同じである。リプトンが「世界を黄色く塗ろう」の戦略を導入した３年後、リプトンの経営陣は新しい戦略に移りたがっていた。戦略はまだ２割しか実行されておらず、予定通り進んでいるのだから、そのポテンシャルを真に実現させるためには時間が必要だとサンジェイとその同僚は主張した。

　リプトンの経営陣は、最終的には賛同し、リプトンは既存路線にとどまった。そして数年かけたブランド・リーダーシップにより、「世界を黄色く塗ろう」は骨のある戦略であることが証明された。

　「７つのリーダーシップ」の実行においては、全体的戦略は堅持されるべきだが、戦略の枠内で戦術を調整することも必要である。変化が早く、ネットでつながっている今日の世界では、戦略開発において伝統とされた、長期的アプローチは完全に廃れている。年次予算や戦略的計画立案は依然、必要ではあるが、戦略立案に費やす時間は短縮されるべきで、重点を実行に移すべきである。

　戦略に対する新たなアプローチで重要なのは敏捷さである。絶えず機会と脅威を探索し続け、そこからさらに絞り込んで、迅速に、かつ柔軟に対応することだ。

　このように戦術については、調整と変化が求められる一方で、全体的戦略は首尾一貫した安定的なものであり続けるべきだ。「枠組み内の自由」、つま

りくっきり線引きされた計画内で、敏捷に実行するということは、「7つのフォーカス」の戦略立案、組織設計、人材エンパワーメントを貫く一本の糸だ。もちろん、市場が激変した場合や、既存の戦略が結果を出さない場合などは、柔軟に戦略を変えることが不可欠となる。

5. 道が険しくなってもパニックにならない

　あらゆるレベルのリーダーシップの真の試練は、行く道先が険しくなったときに訪れる。そして道は必ず険しくなる。もし、すべてが常にうまくいっているとしたら、それは何かがうまくいっていないという意味だ！　問題が勃発したときこそ、それは行動志向を始め、「カルナ・キャ・ヘイ？（さあ、これから何をする？）」を問うべきときなのだ。

　事態が悪化すると、いとも簡単に意気消沈してしまいがちだ。経営陣の態度は苦々しくなり、陰鬱なムードが企業全体を覆ってしまうこともある。経営陣は、傾向として、これまで以上に社内レビューを要求することで苦境に対応しようとする。

　おかげで、ますます多くの数の社員が社内レビューをレビューするようになり、誰もがそれに関わろうとする。ノイズはますます大きくなり、まさに外に立ち向かっていくべきときに全社が内向きになる。しまいに経営陣は斧を振り上げ、ぐるぐると振り回し始める。

　選別的に行われる限りコストカットは必ずしも悪い対応とはいえない。だがはるかに大切なのは、生まれ変わりの取り組みが脱線しないうちに、見通しを明るくしておくことだ。リーダーは事実を受けとめ、厳しい決定を下さなければならない。社員に現状を率直に話す義務がある。だがバランスも必要だ。率直であると同時に前向きなトーンを保ち、やればできるという姿勢を組織全体に広めていかなければならない。

　物事が厳しくなったときほど、一番大切なことにビジネスの照準を合わせることが重要になる。単にやりたいからやっているようなことは、すべて延

期すること。物事が最高にうまくいっているときすら、取り組み対象が多すぎるのは問題だ。ましてや苦境に置かれたとき、それは死すら招きかねない。

　目下緊急事態だという感覚は重要だが、不安であってはならない。苦難のときにはリーダーたちは大切な人材に敢えて手を差し伸べなければならない。生贄を作れば不安と不確実性の空気をさらに悪化させるだけだ。一夜にして問題になるような人間などいない。

　集中のパワーはうまくいっている部分を強調することから生まれる。こうしたマインドセットは良いときも悪いときも堅持されるべきだ。求められているのはもちろん規律性と敏捷性だが、時には虚勢を張ることも必要だ。そして、どんな嵐をもやり過ごすための最も確実な方法とは、優先分野に照準を合わせ続けることだ。

落とし穴に落ちないために

FIVE KEY TAKEAWAYS
5つのポイント

1 成長のための企業変革に全力で取り組む前に、しっかりしたビジネスモデルができているかどうかを確かめること。本格展開の前に、ビジネスモデルを固めること。

2 優先事業に集中することは、非優先事業をないがしろにしていいという意味ではない。非優先事業のポートフォリオを、自律的に運営される「半スタートアップ事業」、成長の事業としてミルク補給（投資）する「キャッシュ・カウ事業」、一定の時間内に切り離されるべき「負け犬事業」に分類してみよう。

3 「7つのフォーカス」のアプローチにおいてコスト削減は重要なポイントだが、無鉄砲でなく選別的にやること。注意深くベンチマーキングし、組織が膨張し官僚的になった部分のコストカットに注力すること。有能な人材やブランドの経営資源のコストカットは慎重にやること。

4 戦略が軌道に乗るまでには、ある程度の時間を要する。次の大仕事に飛びかかりたい衝動を抑えること。とはいえ、一貫性ある明確な戦略の枠組みの中で戦術と実行に敏捷に取り組み続けよう。

5 「7つのフォーカス」の道程では、壁にぶつかってもパニックに陥らず、広い視野を失わないようにしよう。リーダーは苦境を切り抜けるために常に明るさを保ち、チームの士気を高く保たなければならない。

第11章 好循環を作り出す

CREATING A VIRTUOUS CYCLE

「7つのフォーカス」の旅は、7つのステップで構成されている。

まず、わたしたちは、一連の成長機会の認識につながるインサイトの獲得から始めた（発見）。

次に、レンズを使い、数多くの機会から利益を伴う成長を生み出す潜在力のある、大きくかつ大胆な取り組みの集合体に絞り込んだ（戦略）。

次の段階では、社員を一つの方向に向け、鼓舞する力のあるスローガンで戦略を表現した（奮起）。

適材適所の人材、優先的取り組み、少数の大きく大胆なテーマがそろった段階で、高い可能性を秘めた取り組みを推進する少数精鋭のチームが選択されて、白紙小切手が渡された。これはチームに対する大きな賭けである（人材）。

業務のあらゆる側面を単純化し、顧客に近いところで意思決定をすることを促進するため、権限を委譲し、戦略の実現を図った（実行）。

さらに、集中というテーマを組織設計に持ち込み、組織を機会に向けて整列させ、縦割り組織を超えて人と人をつなぐことで、より協調性ある組織を目指した（組織）。旅の最後は、パフォーマンスを測るために、絞り込まれた指標で進捗を記録し、豊かで想像力に訴える物語でそれを伝えていくことを唱えた（指標）。

やっと最後まで来たと思っているだろうか？　まだ、である。「7つのフォーカス」の旅が終わることはない。それは環状（Circle）というよりむしろスパイラル状（Spiral）なのだ。絞り込まれた事業は、持続可能な基盤の上で構築され続けるのである。

「7つのフォーカス」は、一度きりの使い捨てソリューションではないという我々の警鐘を思い出してほしい。それは一過性どころか、すべてのマネージャーの道具箱に仕舞われているプロセス（そしてプロセス内のステップ）であり、ビジネスを感度の良い状態に保ち、絶えず改善していくのに使われるものである。

夜中に起きだして、その道具箱を引っ張りだして来なければならないようなときが、あなたにも訪れる。揺れはビジネスが順調なときに突然、やってくる。一般的には、問題は、成長に対する短期的プレッシャーとして迫ってくる。直感的反応とは矛盾するが、そうしたときこそ大胆な賭けをすべき瞬間なのだ。これについては後で詳しく述べよう。

　クラフト・ディベロッピング・マーケットは「７つのフォーカス」の旅を活用し、長年の低迷から抜け出して、急成長を遂げた。売り上げは2006年の50億ドルから2012年の160億ドルに急増した。成長の一部は（キャドバリー、ダノンなどの）買収によるものだったとはいえ、事業は６年間にわたり２桁成長を続けた。これが、1929年以来の最悪の世界大不況の中で実現されたことを考えれば、驚くべき成果だ。

　しかし、成長の量よりさらに重要だったのは、売り上げ成長の質だ。クラフト・ディベロッピング・マーケットの収益性とキャッシュフローは大幅に改善した。事実、この期間で利益率は50％改善した。その結果、同社には勝ち組の意識が生まれ、それを磁力として、人材が引きつけられるようになった。これは成長を継続していく原動力として極めて重要だった。

　「７つのフォーカス」の諸原則に則り、サンジェイはフォンテラ・ブランドやリプトンでも、同様の好調な結果を生む取り組みを率いた。モハンもまた、バーワン・サイバーテックやＶモックなどのハイテク企業で、同じような結果を出してきた。換言すれば、「７つのフォーカス」は業界、企業規模、地域を問わず、どこにも当てはめられるということだ。

　「７つのフォーカス」の目標、あるいは本書で最も言いたかったメッセージは、利益を伴う成長を**持続させる**、あるいは持続を超えて加速させていくことだ。

　先に述べたように、わたしたちが追求するのは一過性の短期的な売り上げ増加ではない。それなら、たとえば大幅な値下げをすればいい。

図表11-1 ▶ 成長の好循環

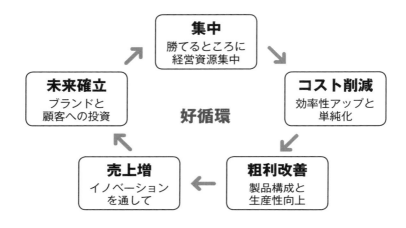

　わたしたちが本書で話したのは、成長の上にさらに成長が築かれ、それが将来の成長を焚きつけていくようなもののことだ。成長のスパイラルを生み出すという考え方が、いわゆる「成長の好循環」(図表11-1)だ。好循環になると、持続的な成長が生み出されると同時に大きな利益が付いてくる。これこそ、意味ある成長だ。

　好循環の基本は「7つのフォーカス」のステップに対応している。勝てると思う場所に絞り込む。利幅の大きい分野に賭けることで、全体の利益率も改善する。絶えずプロセスを単純化し、ベンチマーキングに基づきコストを減らす。そして、それらの過程で一貫して予期せぬ事態に備え、資金的資源のクッションを作り出し続ける。なぜなら、いつでも予期せぬ出来事は起きるからだ。

　好循環をうまく機能させるにはまず、ライバルより早く売り上げを伸ばし、売り上げ以上に利益を大きく伸ばすという2つのシンプルな条件が前提となる。これが続けられれば好循環は楽々と自然に付いてくるだろう。

好循環は「7つのフォーカス」と補完的であり、7つのステップの枠組み全体を貫くものだ。換言すれば、「7つのフォーカス」は「プロセス」に、好循環は「アウトカム」に関わるが、好循環のアウトカムは「7つのフォーカス」の原則によって推進されるということだ。ここで好循環を構成する各要素を見ていこう。

勝てるところに集中

　リーダーは最小限の努力で、最大のリターンを上げるものを探し、そうやって見つけたトップパフォーマーに投資することが好循環のプロセスの中心だ。

　クラフト・ディベロッピング・マーケットの「5-10-10」戦略で選ばれた10のパワーブランドは、他のブランドより利益率が高く、これらの成長を加速させれば、ほぼ自動的に部門全体の利益率が高まった。加えて、10のブランドの新興国市場の売り上げは、年率17％で成長した。これは他の事業よりはるかに高い成長率だった。

　集中のプロセスを経て好循環に入った事業も、敏捷さを失わず、集中の諸原則に則った実行を続ける必要がある。問題は必ず起きるものだし、どんなにうまく作られた計画もその通りには進まない。問題発生時こそ、いわば掛け金を倍増させるときだ。掛け金に見合う見返りが期待できるところの賭けを大きくするのだ。

　「7つのフォーカス」によれば、(モメンタム、マージン、マテリアリティの) 3つのMのテストに合格した取り組みがその対象となる。これらの賭けで得られた結果を使って他の場所で生まれた損失を穴埋めしよう。

　小規模な企業であれ、巨大企業であれ、こうしたアプローチは怖いような気がするかもしれない。管理を重視する企業文化ならなおさらだ。5,000万ドルも賭けに使うなんて、一体どうしたらできるのだろう？　予算には入っていないカネだ！　だが、その事業が一部でもうまくいき始めたら（事業に3つのMが備わったのだ）、先手を打ち続けること。

クラフト・ディベロッピング・マーケットは「７つのフォーカス」のステップ開始後も、さまざまな時点で目標未達に直面した。２～３の市場は崩壊した。そうしたときにクラフトは、臨機応変に他の市場に投資して損失を補った。同社の事業が20四半期以上、利益成長を続けているのは、こうしたやり方をしているからだ。

　大切なことは基本原則を忘れず、迅速に動くことだ。大企業は会社が小さかった時代の精神を忘れず、同時にスケールメリットと大企業の専門知識も存分に活用すること。スタートアップ企業などの小規模企業は、社外で利用できる経営資源を活用すること。いずれの場合も起業家的に行動すること。

効率性アップと単純化でコスト削減

　「７つのフォーカス」では、リーダーは経営資源を傾斜配分し、成長の取り組みを支援する。縮小や廃止を行い、プロセスを単純化することで、絞り込んだプロジェクトを支える資金的資源、人的資源、関心、努力を捻出する。頻繁に資源を配分し直すという作業は、繰り返し続けるべきだ。「７つのフォーカス」のプロセスがひととおり終わった組織であっても、引き続き効率性を上げて、燃料を捻出する。

　複雑性は、絶えず忍び寄ってくるものであり、戦いには終わりがない。事業は膨張し、製品数は増え、支援システムが次々生まれ、複雑性という野獣は食べるものに困らない。事業支援システムは、たとえ事業が停滞しており、かろうじて生き残っているだけのような状況でもどんどん大きくなる。複雑性の増大を食い止めることは、経営資源の無駄遣いを抑制することになり、好循環に極めて重要な役割を果たす。

　複雑性が制御された状態に保つには、たまには歩みを止めて業務を分析し、どこでコストが積み上がっていて、どこで真に価値が加わっているのかを見極めるのがいいだろう。その最良の手段がエンドツーエンドの価値分析だ。それは、製品が作られた時点から、消費者の手にわたる時点までのいわゆる

エンドツーエンドのバリューチェーン全体を眺めることで、プロセスの各段階における無駄、複雑性、差別化要素を探す作業のことである。

分析に基づいて、製品アイテムが廃止されることもあるが、それがすべてではない。重要なことは、不必要な行動や、過去から惰性で行われている行動を止めることだ。

たとえばフォンテラでサンジェイは、乳牛に始まり、生産、輸送、パッケージング、販売で終わるまでのバリューチェーンを追跡する分析作業「カウツーカスタマー（＝乳牛から消費者まで）」に関与した。

フォンテラは、比較的低コストの生産者で、乳牛から消費者までのバリューチェーンに無駄はほとんどなかった。だが、同社は150ほどのブランドをサポートしており、それらすべてを支援するためのインフラや手続きが用意されていた。ところが、フォンテラの成長と利益に大きく貢献していたブランドはたった5つだけだった。

バリューチェーンを指針とすることで、同社はパフォーマンスの悪いブランドをとりまくガラクタの多くを整理し、サプライチェーンを大幅に単純化した。その結果の一例を示せば、たとえば顧客に電話する際に営業担当者は分厚い価格リストに目を通さなくても良くなった。彼はただ、フォーカス・ブランドだけのことを考えれば良くなったのだ。

こうしたバリューチェーンの見直しには、規律が必要だ。厳しい判断を下さなければならないが、かといって、あまりきっちり分析しようとし過ぎてもいけない。いとも簡単に時間が浪費されてしまうからだ。分析はラフでほぼ間違っていないくらいの方が、正確だが間違っていることに勝るということを忘れないように。すばやく分析し、ある程度の結論が出たら前進すること。

クラフト・ディベロッピング・マーケットは「プロジェクト・フューエル（燃料）」というプログラムを実施し成功した。同プログラムは、（業界最高

水準をねらう)ベンチマーキングにより、コストを削減し、成長の燃料となる原資を捻出しようとしたものだ。現場の各部署出身者によるマルチファンクショナルなチームが結成され、ビジネスのあらゆる領域における明確なロードマップが作られた。

　結果は劇的だった。その効果は実に強力で、最も独立心の強い部署も、そのチームの助けを求めたほどだった。現場担当者でチームを構成するアプローチは、本社の部隊を派遣するアプローチとは対照的だ。後者は恨みの感情を焚きつけ、しばしば事業の成果が上がらないまま報告義務を増やし、官僚主義に拍車をかけるだけに終わってしまう。

　削減、単純化を極めて迅速にやらなければならない局面になることもある。こうした局面からも、好循環を維持するには、敏捷性が不可欠だと思い知らされる。

　サンジェイは2008年の終わりにこのことをありありと体験した。

　クラフト・ディベロッピング・マーケットにとって2008年は良い年だった。「7つのフォーカス」の諸段階を経て数字は順調に推移しており、次年度予算はすでに承認されていた。経営チームは、成功物語を分かち合う祝賀夕食会をシカゴで開催することを計画した。

　だが、ちょうどチームが集まったときにリーマン・ブラザーズが破綻し、グローバル経済全体は崩壊の危機に瀕した。ビジネス界の出来事を外部専門家がまとめたレポートを参加者全員が読んだが、これから何が起きるか、誰にも予測できなかった(結果的に、外部専門家の分析と推奨された行動は完全に誤っていたことが明らかになった)。

　夕食会の会話は刺々しくなった。状況は刻々と変わっているのに、外部専門家の分析は過去の事象の説明に過ぎないとチームはすぐ気づいた。最後にサンジェイはおなじみの格言、「カルナ・キャ・ヘイ?(さあ、これから何をする?)」を改めて強調した。

　わずか数時間のうちに、経営チームは今後さらに5〜10%のコストベースを削減しておくのが慎重かつ賢明だと決めた。予算をはるかに超えたその

目標は「家族」目標と名付けられた。同時に根本的な戦略は、維持されるべきだと経営チームは考えた。それは、特定のコア領域の投資については逆に増やすことを意味した。

経営陣はその晩、コスト削減できる領域を探し、それを選別的に実行し、将来性のある賭けに経営資源を注ぎ続けるという任務を帯びて夕食の席を離れた。結果から見れば、この不安な夕食会は、巨大な金融危機に直面しつつも2008年、クラフト・ディベロッピング・マーケットが前年までと変わらぬ好業績を上げることにつながった。

経営チームが危機をうまく切り抜けたのは、自分たちが相互依存の関係にあることを認識したからだった。彼らは同じ危機の中におり、結果を出すには互いに協力し合う必要があった。彼らは家族だったからだ。家族だったからこそ、すべての分野で無鉄砲にコスト削減したりはせず、各部門や各国が自らに合った削減目標を分担し、戦略的にコストを削減した。

このプロセスは成長の取り組みをなぞるものとなった。ローカル・マネージャーには目標が与えられ、ベンチマーキングに基づき、どこをコスト削減すべきかを自分で考えるよう命じられた。組織全体が痛みだけでなく専門知識も分かち合った。

中国の専門家がブラジルに助言をした。豊富な知識を持ったシカゴのマネージャーがメキシコに出張した。同僚が同僚に助言するスタイルのおかげで、互いが互いのプライドを傷つけることをほぼ避けることができた。そして、最終的に収められた成功を誰もが喜んだ。

製品構成の変更と生産性向上で粗利を改善

「7つのフォーカス」の最初の発見プロセスは、継続されるべきだが、それほどきっちりした方法でなくてよい。追求されるべきは、粗利を向上させる製品の導入と生産性を向上させるシステムの改善だ。この2つのアクションはさまざまな形を取りうる。

生産性改善の追求では、「7つのフォーカス」の原則に則ったベンチマーキングを行い、グローバルとローカルの意思決定のバランスを取るべきだ。クラフトが中国に参入後しばらく苦戦したのは、まったく異なる環境に、欧米流のモデルを当てはめようとしたからだ。

　現地の競争環境でクラフトの原価は抜きん出て高かった。たとえば、クラフトが中国に作った工場には不要な装飾物がたくさんあり、現地の競争環境から見れば浮世離れしたものだった。中国事業のテコ入れは、「もし、中国で競争していけるコスト構造が可能だったとしたら、他の地域でも同じことができるのではないか？」という新しい問いかけにつながった。

　今日のすべてがつながった世界では、敏捷な企業はベストプラクティスをうまく全市場に移転させる。昨今はそうした移転がますます新興国市場から先進国の方向で起きるようになっている。

　もちろん、品質と安全性には、注意を払わなければいけない。生産性を上げることは、手を抜くことと同義ではない。それは、効率性をスマートに行使できる場所を見つけることであり、一般的には技術が使われる。たとえば、インドの低価格洗剤ホイールの製造工程では、ユニリーバは、高価な従来型洗剤製造機の代わりに、セメントのミキサーを改造し使うことで、極めて大きなコスト削減を実現した。

／イノベーションで売り上げ増加

　利幅が大きな製品の販売、コスト削減、単純化、生産性の向上はキャッシュを生む。好循環を完成させる最後のステップは、こうして生まれた経営資源を将来の成長を牽引するイノベーションに投じることだ。

　ビジネスのイノベーションは、単なる製品の改善や新ブランドの導入にとどまらない。それは、組織全体に浸透すべきマインドセットであり、文化なのだ。コアに絞り込んで集中するということすら、多くの企業にとってはイノベーションだ。

製品のあらゆる側面には、改善の余地がある。たとえば、クラフトがキャドバリーを買収したとき、インドのキャドバリー・チームは（チョコレートを一般甘味菓子市場に分類するなどの）ポジショニング、（デザート用ギフトボックスに見えるようなパッケージを作り出すなどの）パッケージング、（店内の陳列品数を倍増させたほか、暑い夏期にチョコレートを陳列する温度調節機能付きビジクーラーを倍増させるなど）流通のさまざまな側面でイノベーションを実現した。

キャドバリーのイノベーションは白紙小切手によって後押しされた。クラフト・ディベロッピング・マーケット全体では長年にわたり、白紙小切手がもたらす切迫感が多くのイノベーションの発火点になった。こうした切迫感は（あるいは白紙小切手の取り組みより少々ペースを落としてもいいかもしれないが）どんな企業も日常的に持ち続けるべきだ。

新興国市場は豊穣なイノベーションの土壌となりうる。一般に新興国では製品競争価格が低い。新興国の文化は新たな物の見方をもたらす。そして新興国の消費者の習慣は多様だ。しかも新興国市場は一般にアップダウンが激しい。そこで地歩を築こうと思えば、事業はフレキシブルかつ独創的でなければならない。こうした新興国市場の特性が新しい思考を生む。

また、新興国では、一つの市場のインサイトは、他の市場に移し替えられることが多い。企業におけるイノベーションの度合いの計測指標に、過去３年間に投入された新製品の売り上げが全体に占める比率というものがある。クラフト・ディベロッピング・マーケットでは、過去５年間の売上高新製品比率は８〜16％で推移した。新興国市場で展開する消費財の競合他社と比べてクラフトの水準は業界トップクラスだ。

だが、イノベーションにはもう一つ重要な点がある。集中が求められるという点だ。多くの革新的なプロジェクトを杜撰に管理するくらいなら、わずかなプロジェクトをしっかり管理しよう。あまりに多くのリーダーがイノベーション中毒にかかっていて、あらゆるところで変更と新製品を推進しがちだ。

核心部分にとどまること。小さく始め、検証、学習し、将来性が明らかになって本格展開するという原則を守ること。新製品は利鞘が平均を上回らなければ導入してはいけない。マイナーな製品や低迷する事業は他社のポートフォリオに任せよう。

ビジネスモデルはしっかり機能するものであるべきだし、事業は本質的に利益を生むべきだ。つまり数字の規律性が必要なのだが、まるで変化自体が目的であるかのような現実の世界でそれは必ずしも簡単ではない。それでも、こうしたアプローチに背くことをやる場合、トップの承認を必要とするべきだ。

ブランドと顧客に投資して確実な未来を構築する

成長を考えるとき、悪玉コレステロールと善玉コレステロールの違いを考えてみる。成長といっても業績を一時的に嵩上げするだけなら、悪玉コレステロールのようなものだ。長期的にシステムを傷め、ブランドの価値を貶めてしまう。反面、自然に築かれていく成長は、長期的に企業の健康度を高める善玉コレステロールのようなものだ。

かといって、好業績を永遠に待ち続けろというわけではない。たとえば、新興国市場で儲かるようになるには10年待たなければならないと主張する論者もいるが、そんなのはナンセンスだ。必要なのは良いビジネスモデル、そして市場に適したポートフォリオだ。

利益がどんどん上がる体質を作るには、単なるスリム経営では不十分だ。自社のフォーカス・ブランドの広告と販促に投資し、将来に向けてブランドを構築していく必要がある。また、製品が消費者の手に届くようにするための投資も必要だ。販売するものが、適切な場所と時間にきちんと届けられているようにするための適切なチャネルを開拓すること。これまでしばしば繰り返されたリフレイン「窓の外を見よ、鏡を見るな」のもう一つの側面である。

昨今、インターネットは、最も注目されるチャネルの一つだ。勝てるところに集中することも含めて、うまく機能するビジネスモデルをまず確立することから始めるという原則は、従来の市場もネット市場も変わりがない。
　（サンジェイが取締役を務める）ベストバイ社は北米を中心とする世界最大の家電量販店だ。最近、同社は全米各地に展開する巨大な店舗網をテコに、オンライン事業に巨額投資を始めている。ベストバイの店舗の多くは、大消費地の至近距離に立地している。このため、同社はオンライン事業にリアルの店舗網を活用することで、迅速な配送と低コストが実現すると考えている。
　勝ち組の企業は、将来を見越した先見の明のあるアプローチで事業を構築する。一過性の取り組みは避け、他社との差別化につながる堅牢なアイデアと魂あるブランドの構築に集中する。
　好循環について語るのは理由がある。好循環の各要素は、他の要素を栄養素として派生し、そうやって派生した要素が、今度はプロセス全体を前進させる推進力になる。正しい要素があればそのスパイラルは成長を続けるはずだ。

　成長の旅に終わりはないが、本書の物語はこれで終わりだ。
　「７つのフォーカス」のステップを歩く旅を楽しんでいただけただろうか。この枠組みを使えば、あなたの事業は、利益を伴う自然で持続的な成長が実現する。
　サンジェイは、長い月日をかけて後の「７つのフォーカス」につながるアイデアを温め、練り上げ、それを世界の企業の第一線で実践してきた。
　一方、モハンは、リサーチとコンサルティングを通じてさまざまな業種の企業と仕事をする中で、それに似た諸原則の多くを発見した。
　２人はシカゴ南端にある素晴らしいハーバーサイド・ゴルフ・コースで一緒にプレイしながら、互いのインサイトと経験を分かち合い始めた。そのときの会話が本書につながった。
　本書の内容の一部は世間一般の通念に反しているが、複雑なことは何も書

かれていない。本質から離れないことは、「7つのフォーカス」の枠組みの重要なポイントの一つだ。わたしたちがいつも使う、フォーカス、コア、シンプルさ、明快さ、率直さといった言葉は良識と明快なコミュニケーションの土台だ。そして、これらの質が「7つのフォーカス」の核心である。

　事業の構築が簡単であることはまずないし、そのプロセスが直線的であることも滅多にない。逆境はゲームの一部だ。そして、これまで述べたように、大事なのは逆境から学ぶことだ。

　それにしても、事業を行うことは（それが大きな事業全体の一部であったとしても）刺激的で、満足をもたらす体験であるはずだ。

　「7つのフォーカス」が、少ないことに大きく大胆な賭けをし、それに勝つ喜びを味わうためのアドバイスとなることを願ってやまない。

【著者紹介】

サンジェイ・コスラ
Sanjay Khosla

クラフトフーズ新興国部門の元プレジデント。就任中の6年間に60カ国を超える国を管轄し、年商を50億ドルから160億ドルに増加させた。2013年からは経営コンサルタント、ノースウェスタン大学ケロッグ経営大学院シニアフェロー、ボストン コンサルティング グループ（BCG）のシニアアドバイザーを務める。

モハンバー・ソーニー
Mohanbir Sawhney

ビジネス・イノベーション、テクノロジー・マーケティング、デジタル・マーケティングの分野で世界的に名高い研究者、教師、講演者、コンサルタント。現在、ノースウェスタン大学ケロッグ経営大学院テクノロジー＆イノベーション研究センター長を務める。

リチャード・バブコック（執筆協力）
Richard Babcock

ライター兼教師。シカゴ在住。シカゴ（Chicago）誌の編集者を長く務めた。

【訳者紹介】

笠原 英一
Eiichi Kasahara

立教大学大学院ビジネスデザイン研究科客員教授
アジア太平洋マーケティング研究所所長
1958年生まれ。博士（Ph.D.）、早稲田大学大学院後期博士課程修了、アリゾナ州立大学サンダーバード国際経営大学院修了。専門は、産業財マーケティング、戦略的マーケティング、消費者行動論、グローバル・マーケティング、ベンチャー・マネジメントなど。現在は、大学院における研究・教育活動と並行し、東京、ニューヨーク、シンガポールを拠点に国内外の産業財企業に対して、戦略からマーケティング、研究開発等を統合した機能横断的なコンサルティングを行っている。著書に『戦略的産業財マーケティング――B2B営業成功の7つのステップ』（東洋経済新報社）などがある。

フォーカス戦略
「選択と集中」で収益力を高める7つのステップ
2019年7月18日発行

著　　　者――サンジェイ・コスラ／モハンバー・ソーニー
執筆協力――リチャード・バブコック
訳　　　者――笠原英一
発　行　者――駒橋憲一
発　行　所――東洋経済新報社
　　　　　　〒103-8345　東京都中央区日本橋本石町1-2-1
　　　　　　電話＝東洋経済コールセンター　03(5605)7021
　　　　　　https://toyokeizai.net/
カバーデザイン…………竹内雄二
本文デザイン・DTP……森の印刷屋
印　　刷……………東港出版印刷
製　　本……………積信堂
編集担当……………藤安美奈子
Printed in Japan　　ISBN 978-4-492-53415-1

本書のコピー、スキャン、デジタル化等の無断複製は、著作権法上での例外である私的利用を除き禁じられています。本書を代行業者等の第三者に依頼してコピー、スキャンやデジタル化することは、たとえ個人や家庭内での利用であっても一切認められておりません。

落丁・乱丁本はお取替えいたします。